保育随想 4

幼稚園はおとなの遊び場

はじめに

「見せてみー」……。

マッナガさんは子どもとソフトレンガを削っていたとき、年中のMくんに言われたそうです。「貸してみー」とも。その手つきが不器用そうに見え、見ていられなかったのでしょう、きっと。彼女は「参りました、もう」とうれしそうに報告してくださいました。

この数日前から、数名の父母は「何か削りたい」と園庭をウロウロしていたのです。「今だ！」……。わたしは思いました。この年中の子どもたちのソフトレンガ削りが最高に盛り上がっているような日でしたので、削り方を子どもに教えてもらう形にすればいい、と思いつきました。母たちに、

「子どもに教えてもらいなさいよ」

と言うと、

「どうしたらいい？」

「子どもの後ろでソフトレンガのかけら握ってじっと正座してれば何とかなるわよ」

この母たちは本気で削りたかったのです。子どもは、ニセものはすぐ見抜くものです。おもしろがる振りをしていたくらいでは相手にしてくれません。だから、林業の方や大工さん、植木屋さんの仕事はくい入るように見つめるのです。子どもたちは、お母さんたちを仲間に入れてくれたようです。

レンガは自分で探してきた尖《とが》った石やスプーン、フォークなどを使って削っていました。

「削ったところから粉が出てれば、削れてるってことだよ」

「こっちの手でフォーク持って回して削っているとき、レンガのほうは反対に回すとよく削れる」

などと、子どもたちは教えてくれたそうです。

これは大人に「このようにやりなさい」と教えてもらったことではなく、自分の手でつかんだやり方です。自分のからだを通して感覚的にもしっかりとわかったことだから、相手にもわかりやすい言葉にして伝えられたのだと思います。

自分で発見したことは、小さなことでも子どもにとっては〝大発見〟です。大人になっても、この時つかんだものは忘れることはないでしょう。

「大人がやっておもしろくないこと、子どもにさせちゃダメよー。子どもだってつまらないもの、そんなこと！」

以前からそうわたしはよく口にしていました。

そういつもあるわけではないが、熱中できることに出会ったとき、〝遊び〟と〝仕事〟の境目がなくなることがある。大人と子どもの境目もなくなる。そんなとき、遊びとは、子どもにとっても大人にとってもそれは〝遊び〟という言葉に名を借りた、生きていくために必要な行為となるのではないかと思います。

井口佳子

幼稚園はおとなの遊び場　目次

本文イラスト　井口佳子

幼稚園はおとなの遊び場

中瀬幼稚園地図

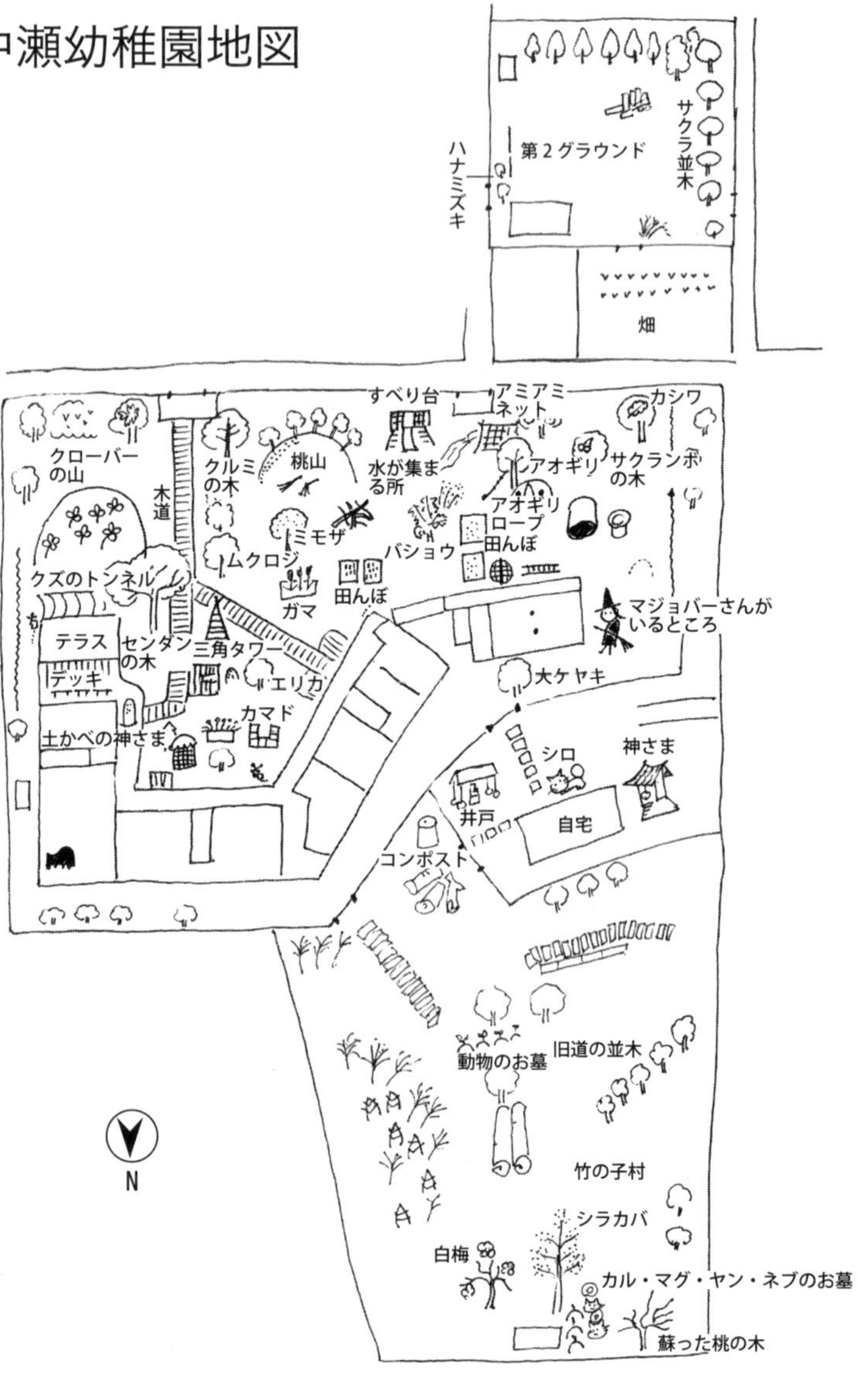

第２グラウンド
サクラ並木
ハナミズキ
畑
すべり台
アミアミネット
カシワ
クローバーの山
クルミの木
桃山
水が集まる所
アオギリ
サクランボの木
木道
アオギリロープ
ミモザ
バショウ
田んぼ
ムクロジ
クズのトンネル
ガマ
田んぼ
マジョバーさんがいるところ
テラス
センダンの木
三角タワー
エリカ
デッキ
大ケヤキ
カマド
土かべの神さま
シロ
神さま
井戸
自宅
コンポスト
動物のお墓
旧道の並木
N
竹の子村
シラカバ
白梅
カル・マグ・ヤン・ネブのお墓
蘇った桃の木

観天望気

先日、久しぶりにテレビをつけたところ、〝便利〟な話題として、あるニュースが流れていました。ケータイに、今日一日の「温度・湿度・風向き」などが〝時間刻み〟で表示されるというのです。知らないのはわたしだけかもしれません。

だから、学校に行く子どもに傘を持たせたほうがよいかどうかということも、いま雨が降っていなくても出かける前に洗濯物をしまっておいたほうがよいかどうかも、わかるのだそうです。若い母親が空を見ることもせず、ケータイを頼りに「傘もっていきなさい」とか、洗濯物をしまっている姿が画面に映っていました。

わたしはずいぶん便利な情報があるものだと思いました。こういう情報があれば、突然の雨に自宅に干してある洗濯物の心配をすることもないし、カンカン照りの午後、長靴で都心から帰る恥ずかしさもなかったろうに、と思いました。

でもちょっと考えました。これはたしかに合理的かもしれない。しかし、動物的なカン（勘）というものが徐々に弱くなり、そして消えてゆくのではないか……と。このケータイの情報は氷山の一角かもしれません。

なんとなく雨が降りそうな重い湿った空気というものはあります。南の風が吹く前は、南の音がよく聞こえます。「風に貸し借りなし」とか、「朝焼けのからいばり」とか、「朝雨に傘いらず」とか、「夕焼けは晴れ」などと、母がよく言っていました。

これらは観天望気《かんてんぼうき》とか天気俚諺《てんきりげん》といわれるもので、昔から伝わる天気の見方のことわざです。「猫が顔を下に隠して眠ると天気がくずれる」とか、「古傷が傷むと天気がくずれる」というのもそうです。まだこれは確かではありませんが、わが家のイヌのシロが穴を掘るとやはり天気がくずれるようにも思います。もしそうなら大発見です。

「飛行機雲が出ると雨が降るよ」……。

これは園の子どもたちも口にするようになってきました。飛行機雲が残るのは、空に湿気があるからだそうです。外にいることが多いので気づくのかもしれません。

人間は、周囲がどんなに人工的な環境になったとしても、やはり〝自然〟の中で生きています。人工的な便利さに頼ると〝五感〟を通して自然からの情報を受け取ることができなくなるのではないか。そうなれば、身近な自然の変化に対して鈍感となり、いろいろな危険に対して無防備になっていくように思います。

先週の暖かさのためか、モモ（桃）やサクラ（桜）のつぼみがわずかにふくらみ、木々や草たちが春の雨を喜んでいるようです。この雨を〝慈雨〟というのでしょうか。

八十八夜の別れ霜

八十八夜[*]（五月のはじめごろ）の頃になると、もう霜は降りないから、種をまいたり、苗を植えてもだいじょうぶと言われています。それまでは寒い日もあるから気をつけなさいということでしょうね。

今年のケヤキ（欅）の芽吹きはふぞろいです。となりどうし、初夏のケヤキと冬のケヤキというような光景もあります。こういう芽吹きの年は今までも時々ありました。そして、このような年はかなり遅くまで〝寒い日〟があると聞いています。

実際、二〇一〇年は低温で、四月十七日は雪景色でした。たしか一九六九年の四月十七日も、新学期の園庭が〝銀世界〟だったことを記憶しています。あのころはヒーターで部屋を暖め、だれも外で遊ばなかったように思います。今だったら、みな外に出てにぎやかなことだったでしょう、新学期でも……。

植物には知恵がありますね。早く芽を出すと、新芽が季節はずれの寒さで傷むことを予測できるのでしょうか？　科学的根拠があるのでしょうか？　年寄りからずっと伝わっていることです。

＊八十八夜　八十八夜は、立春から数えて八十八日目のこと。現行暦では五月二日、三日頃にあたる。「日本の歌百選」のひとつ『茶摘み』の中で「夏も近づく八十八夜」と歌われ、世代を越えて親しまれている季語。この頃を過ぎると遅霜の心配もなくなるので、「八十八夜の別れ霜」「霜の果（はて）」ともいわれる。この日、粥占に使った粥かき棒を水口に立てて焼米をのせたり、粥をたいて田の神に供える地方もある。

カシワは子ども思い

園庭の西側に大きなカシワ（柏）の木があります。わたしの大伯母《おば》が近くのお宅からいただいた苗木を（ほんと小さな一〇センチくらいだったかもしれません）、あの場所に植えたと聞いています。もうあの木は百数十年になっているはずです。この地域の移り変わりをずっと見続けてきたのですね。

カシワは〝子ども思い〟の木で、新芽がある程度しっかりしてから葉が落ちると言われています。ですから、ケヤキ（欅）やカキ（柿）の葉がすっかり落ちてしまっても、この木の枯れ葉だけは落ちません（ちょっと過保護な木かな？）。たいてい二月末まで枯れ葉が残っています。今年は四月に入っても、枯れた葉が枝に残っていました。やはり今年の寒さを予測したのでしょうか。

中瀬幼稚園のマークにはカシワの葉が使われています。以前には、青いビニールの肩掛けバッグにもこのマークがついていました。胸にもこのマークのバッチをつけていました。今は帽子だけになりました。そしてこのマークはホールのステージ中央にもあります。

虫の知恵

子どもの興味に合わせて〝シンプル〟に、そして〝ゆっくり〟と過ごしていると(保育者がゆっくりというわけではありません。誤解のないように)、子どもたちはさまざまな知恵を働かせます。また小さな虫一匹の動きにも、何かを感じるようです。

大人は、子どもたちから考える機会を奪わないこと、興味をもってじっと何かをやったり、じっと見ているとき、できるだけ邪魔をしないことだと思います。

オタマジャクシの水がこのごろ濁っていることにお気づきですか？　最近カラスに狙われるようになって、危険を感じると土の中にもぐるようになったのです。だから、水が濁ってしまうのです。エサのニボシが土の中に潜ってしまっているとか、ほかの原因もあるかもしれません。カラスに狙われるようになってから、カラスでなくても何らかの異変を感じるとすぐに土の中に、とにかくもぐるようです。人間が近寄ってももぐります。マリコ先生いわく、「人間の影が水面に映ってももぐる」……。条件反射というか、ひとつ学習したんですね。まだ人間とカラスの区別がつかないけれど、これもオタマジャクシにとっては、ひとつの生きるため（死なないため）の知恵ではないかと思います。

これもマリコ先生の話ですが、カラスが桶のふちに止まってオタマジャクシを食べるとき、四〜五匹を一気に飲み込むと（もっと飲んでいるようです）、口のあたりを膨らませて飛んで行ってしまう。決して過食はしないようだ、とうらやましそうに言っていました。

オタマジャクシに田んぼを占領されてしまったので、今年はイネ（稲）の苗（退職したアッコ先生のお父さんが福島で育てた苗です）を植えるとき、田んぼをこねることをせずに、石やゴミを拾うだけにします。これだけの数のオタマジャクシを田んぼから救い出すのは大変です。ヤゴもいますし……。きっとすくい残しがいて、泥と一緒にこねられてつぶされてしまうオタマジャクシがいたらかわいそうです。

「田んぼの土をこねるのな〜し！」と言ったら、ホッとする子もいるはずです。「ざんねん、やりたかったのに」と思う子もいると思います。なぜなら、泥をこねるのは気持ちのいい感触です。慣れると……。

それにしてもオタマジャクシに危険を察知する力が身に付いているなんて驚きです。人間も見習わなければならぬものがありそうです。何かを察知することを！

この小さな出来事を通して二つのことを思いました。

ひとつは、今までお話ししてきた「虫たちの知恵」ということ。もうひとつは、今年は本当に気候が「おかしいのかなー」ということです。例年ですと、この頃になればもう田んぼにオタマジャクシもカエルもいません。種類が例年のと違うのでしょうか。それとも寒いからでしょうか？

今年の夏はどうなるのでしょう。食糧はだいじょうぶでしょうか？　お米づくりに園のものは生活がかかっていませんが、低温でまだ田植えができないところもあるそうです。「八十八夜の別れ霜」どころか、「九十九夜の泣き霜」だそうです。今年のケヤキ（欅）の葉の出方は何かを暗示していたようです。

砂場の人間模様

　年少組の二人の女の子が、お互いビニール袋の端を持ち、手にしたシャベルで泥水をすくっては袋の中に入れていました。少しずつ、少しずつ……。そしてときどきどのくらい泥水が入ったか確かめるように袋の口を握りしめ、持ち上げて見ていました。水を入れた分だけ袋は大きく、そして重くなっていきます。自分の力で重くしたと、漠然と感じていたのでしょうか。

　また子どもたちは、バケツなどの容器に砂を集めて、そこに水を入れては素手やシャベルでかき回し、手のひらで叩き、自分の好みのドロドロをつくっています。

「プニョプニョするよ！」……。

　そして、その状態（いろいろな）を手が記憶しているのか、〝このあいだつくったあ

の状態〟をまたつくりだそうとしているようです。だからずいぶんと長い間こねてから、いい状態になると、

「水、もういいよ！」

「水、もう少し！」

「砂、もうちょっと！」……。

目的は、ただあの状態をつくりだすということだけ。こうして〝調節〟するということを知っていくのかもしれません。

やっとバケツに入れて運んできた水を、〝ザッ〟と砂場に流すとどうなるか……。水は子どもたちが掘ったり、積んだりして遊んだ跡をなぞるように流れていきます。そして砂に染み込みます。

これらは見落としそうな光景ですが、子どもたちは〝砂〟を通して〝いいこと〟を考え出しているのです。そのなかで、道具や場所の取り合いも起こっています。

あるとき、自分の掘った穴に入れた水があふれだし、友だちの掘ったとなりの穴に流れこんだのを見て、

「（自分が流した水が流れこんだのだから）この穴はわたしのもの」

と主張した子がいました。

砂場の中に〝人間模様〟をみる思いがします。

こうした遊びなくして、上に何かを積んでいこうとしても積み上がりません。そしてこれはまた、子どもの世界に踏み込んでいって見つけようとしなければ、見つけることのできないと思われる、ごく普通の、毎日くり返される子どもたちの姿なのです。

ヨコバイ？　タテバイ？

薄クリーム色の柔らかな、小さな虫をよく見かけます。わたしは、これは名前は分からないけれど、ある虫の〝成虫〟と思っていました。

ある日、子どもたちが『きのこ組』の保育室の前で、この虫を囲んで「キウイに付いていた」と言って見ていました。

「これヨコバイの赤ちゃんですよね」

……と担任。子どもたちもそう言っていました。

「違うんじゃない？　だってヨコバイは横に這うからヨコバイ。この虫はヨコに這わない。ピョンピョン飛んだり、タテに歩く。ピョンピョン虫かもしれない」

わたしがそう言うと、何だかウソでも本当のように響くらしい。

「ひっくりカエル」の時もそうでした。

いじっていたカエルがひっくり返ったとき、「このカエル『ひっくりカエル』って言うのよ」と言ったら、子どもたちは信じてくれました。

昨日、『竹の子村』のアジサイやヤマブキの手入れのあと、ツバキの枝に白カビのようなものを見つけたとき、てっきり綿のような〝カビ〟と思い、

「ここに変なものがある！」

と、『どんぐり組』の子どもたちに声をかけました。

しばらく見ているると、子どもたちは口々に、

「動いてる、動いてる」……。

「エーッ」……。カビが動くわけがない。

よく見ると、白い綿はフワフワと風に飛んだり、たしかに動いています。しばらくすると、綿の中から虫が出てきます。

「エッ、エーッ！　カビじゃないんだ！　何かの虫なんだ！」

夕方になって、職員室でみんなであの虫のことを思い出しました。

「あれ、なんだろうーね」……。

みなで顔を付き合わせ、何冊かの虫の本を広げて調べたところ、やはりあの虫は〝ヨコバイ〟の赤ちゃんのようでした。

「ヨシコ先生、あれヨコバイの赤ちゃんって言ったことありますよ」

「えーっ、ほかの人が言ったんじゃない？　もしかしたら言ったのかなー」

わたしよく忘れるから……。

その後、『たんぽぽ組』でポプラの葉に付いた虫を飼ったら「○○になった」とか、「この毛虫おもしろいですよね〜」とか、若い女性たちが（わたしを除いて）毛虫やコバエや生ゴミなどの話で盛り上がっていることが、なんとなくおかしいことでした。『源氏物語』（紫式部作）にも、虫の好きな姫君のことが出てくるそうですが、わたしはまだ読んでいません。

それ、ガですよ！

先日、中央線上り電車の中での出来事です。一匹のチョウ（蝶）が電車に乗っていました。というか、かわいそうにうっかり入ってしまったようです。前方へ行ったり、後方へ行ったり、車内を飛びにくそうに飛びまわっていました。わたしのとなりに座っていた二〇代前半とおぼしき女性の近くに飛んできたとき、その女性は身をよじって怖がっていました。

わたしの近くにきたら手でつまんで外へ出してあげようと思っていました。すると、わたしの前の吊り革にとまったので、ソーッと手を伸ばして捕まえようとしたとき、前の方が、

「奥さん、触らないほうがいいですよ。それ、〝ガ〟ですよ」

「だいじょうぶですよ」……。

そう言いながらも、わたしは心の中で「ガとチョウの区別なんて難しいです。それにバイ菌のついているかもしれないわたしの手で触られて、チョウのほうこそ迷惑かもしれません」と言っていました。そんなこんなしていたら、もう少しのところで逃げられてしまいました。

チョウはからだの大きなサラリーマン風の男の人のところへ飛んでいきました。すると、〝そいつ〟（すみません。この場合そう言ったほうがいいので）は立ち上がって、持っていた雑誌でチョウを叩き落とそうと、大きな音を二発……。わたしは思わず、

「大の男が！（情けない！）」

と、口から出てしまいました。そのせいでもないでしょうが、チョウはどうやら難を逃れたようで、それからはわたしのほうへは来ませんでした。

あの雑誌が少し当たったのだろうか、それとも弱って転がっているのだろうか……。車内は空いていなかったので、その後チョウがどうなったかわかりません。帽子を持っていればよかった、と悔やまれました。

こんな場面、子どもに見せたくありませんでした。「あっ、チョウチョ！」とうれ

しそうに、初めに見つけたのは二歳ぐらいのかわいい女の子でしたから。

一学期、虫、カエル、オタマジャクシ、チョウ……、いろいろな生きものに助けられて過ごしました。

「幼児についての記録や実践発表には、どうしていつも虫が出てくるのか」

との編集者の問いに、わたしの尊敬している松村容子（あゆみ幼稚園園長）先生が、

「虫は幼児にとっていちばん身近な〝いのち〟ですから」

と答えていたことがありました。

ドキドキしてんだろー

先日、ある雑誌の対談のため、片岡輝先生がお見えになりました。先生は東京家政大学の元学長先生であり、『グリーン・グリーン』『とんでったバナナ』『勇気ひとつを友にして』などの作詞もされた詩人でもあります。

居合わせた何人かの子どもたちと、金曜の「歌の時間」によく歌う『グリーン・グリーン』や『とんでったバナナ』（これはちょっと無理して）を歌ってお迎えしました。うれしいハプニングに編集者の方もびっくりしていました。

するとうれしい表情で担任たちがノートを手に、

「サインしてください」

と、片岡先生にせがんでいました。何のことかよくわからない様子の子どもたちも、紙や『おはようブック』を手に「サインしてください」とかけ寄っていきました。少し遅れて三人の年長組の男の子がやってきました。ひとりは何となく顔が赤くなっています。なかなかはじめのひと言が出ません。

すると、ひとりの子がその子をつついて、

「ドキドキしてんだろー」……。

言われた子は、

「このヤロー、あっち行け！」

これがドキドキしている子のせりふかと思いました。ドキドキしてるから思わず出たのでしょう。痛いところをつかれたからムキになっていたのかもしれません。このような光景に、子どもたちの心の中の成長を感じます。

対談のテーマは『子どもが感動する時』でした。

このような光景を見ることが、わたしにとっては〝感動〟であるかもしれません。考えてみれば、「感動」なんてあまり考えていない自分に気づきました。片岡先生がお考えになる「感動」と、わたしが考えている「感動」……、少しかみ合わなかったかな？

送られてきた原稿を目にし、あの日の出来事……排水管の工事や水道が止まらなくなってしまったこと、そんなことを話題にしていたわたしは、少々落ち込んでいます。でも、「これでいいのだ」とも思っています。子ども自身が〝感動〟する気持ちが起こるのは、日常の小さな出来事の中にたくさんあるはずですから……。

自然はうまくできている

『桃山』が先週の二、三日でだいぶ高くなりました。お母さんたちと一緒に、小さく切った小枝、刈った草、枯れた葉っぱ、マジョバーさん（園舎西側の木に囲まれ、ちょっとうす暗くなっている場所は、いつの間にかマジョバーさんが住んでいるところとなりました）のところの腐葉土、その他なんでもかんでも持ってきて積み上げました。高い所に登ると風景が変わります。その風景を眺めながらピョンピョン……。クッションがきいていて心地よいのです。

いろいろなやり方で登って、降りて、跳び降りて……。たくさん遊ぶと、そのあとは崩れた土を元に戻します。

年中のさくらんぼ組の子たちはいい道具を考えました。年長の子たちは箒《ほうき》の使い方がうまくなったと思います。

土の崩れを直しながら、その中に虫を見つけました。

「カブトムシかな？　クワガタかな？」

「見せて、見せて！」

「コガネムシじゃない？」

「土に入れといてあげないと死んじゃうよ」

「先生〜、ゴミあった！」

「よく見つけたね」

「あっ、お茶碗のかけら？」

「これ土にならないんだね」

「燃えないゴミのところに入れといてー」

「わかった〜」

「これは化石かもよ。ここ、むかし海だったから。魚か貝かな？」……。

跳び降りるとき、ちょっと怖かったのか、モモ（桃）の枝につかまって細い枝を折ってしまった子もいました。

「どうする？　ホウタイしてあげようか？」……。

ある朝、この山の下に小石がたくさん落ちていました。

「誰かが置いたのかな」と思いましたが、そうではありませんでした。石は自然と傾斜をすべり落ちたようです。この石を拾い集めて『どんぐり組』の子たちは木道のところを直していました。

「自然はうまくできている」……。

年少の子たちも手押し車に土を乗せて、せっせと運んでいました。自分の実力がこのごろだいぶわかってきたのか、ちょうどよい量の土を乗せています。何を思いついたのか、空っぽの車を押している子もいました。それはそれでよいと思います。

まずは、手を出すこと、動くこと。自分の〝からだ〟を使うことからすべては始まるのです。土を積んだ分だけ山は高くなるし、遊んだ分だけ山は崩れます。そして、その跡を確かめるように土を戻す。単純だけどおもしろい。いや、単純だからこそおもしろいのかもしれません。もう少したつと、たき火の後の灰や炭もここに加わるのでしょう。

映画『風のなかで』

映画『風のなかで――むしのいのち　くさのいのち　もののいのち』（グループ現代、二〇〇九年、監督・筒井勝彦）……。ラピュタ阿佐ケ谷での三週間の上映を終えました。小さな劇場ですが、映像も音もよく、今まで耳にできなかった音も聞こえたり、さすが映画館だと思いました。

モーニングショーにもかかわらず、満員の日も多く、そのような時は近くのラピュタの試写室を第二会場にして三〇分遅れでの上映となり、最終日（一〇月三〇日）は台風のなか、試写室でも二回、合計三回の上映となりました。ラピュタはじまって初めてのことだそうです。一〇月三〇日はくしくも、ネコのカルちゃんの命日でもあり、感慨ぶかいものがありました。

この会場では、合計一二五〇人の方が観てくださったことになります。今までも「グループ現代」を窓口にしての上映会が約八回、「子どもの未来を考える風の会」を窓口にしての上映会が約八回、一回が五〇〇人以上の時もありましたから、だいぶ多くの方が観てくださったことになります。

あの映画を作るきっかけとなったのは十二月からの耐震改修工事で、大工さん、生コン屋さん、などが多勢入って、床をはがしたり、壁をとったり、コンクリートをはがしたり、新たにコンクリートを流したり、園の中は大きな工事現場となりました。子どもたちはその間をぬって動き回っていました。子どもたちにとっては最高の日々でした。この工事の余韻が残っている園の中を、「映像に残しておきたい」と思ったのです。また、製作会社の方々がこちらの気持ちをよく汲み取ってくださいました。毎日くり返される何気ない出来事を子どもの目線になって、美しいものはより美しく、危ないものはより危なく効果的に撮り、編集してくださいました。この映画のカメラマンは、『センス・オブ・ワンダー』（グループ現代、二〇〇三年）製作のとき、カメラ助手をなさっていた秋葉清功さんです。

会場で直接〝感想〟を口にしてくださった方もいました。

「みんないつか〝いのち〟が尽きるってこと、あまり考えていないのよねー。いつかみんな死ぬんだけど」

「虫の命だったら子どもにもわかりやすいですね。あらためて〝いのち〟は大切ですね」

「ぼくには八カ月の子どもがいるんですが、そろそろどこかに預けようと二人で話していましたが、考え直しました。安易に考えちゃいけない。子どもにはちゃんと子どもの世界があるんですね」

わたしの友人・小泉真理子さんもホームページで感想を寄せてくれました。

現在、子どもたちのことについて、「自然の中で、豊かな感性、実体験」などと、研究者や大学の先生方が上のほうから叫んでいらっしゃいますが、現状はそれとは逆の方向へと流れており、〝制度〟ばかりが問題にされているようです。

わたしは思います――。子どもたちは、私たち大人が考えているほど幼くはありません。純粋さばかりではありません。傷つきやすいかもしれませんが、たくましくもあります。そして、したたかでもあります。子どもたちは日々を精一杯に生きており、豊かでおもしろい世界にいます。子どもたちのフトした姿や言葉に触れたとき、今までのわたしの見方・考え方が少しずつ修正されたり、新しい見方を見つけたり……。そんなとき、自分の世界もひとつ広がったようで、うれしい気持ちになります。

子どものことは、わたしにとってもまだまだ〝未知の世界〟です。おこがましい言い方ですが、世間ではまだそこに気づいていないから、そこに踏み込んでいって、「子どもとは?」「幼児期は長い一生の中でどんな意味を持つのか」という問いを発しないから、大人にとって〝都合のよい〟制度ばかりが取り沙汰されてしまうのだと思います。だからモノ言えぬ子どもたちが片隅に追いやられている気がしてなりません。

ラピュタを出たあと、阿佐ケ谷駅のホームでのこと、空色やピンクの帽子をかぶり、エンジ色や紺色のジャージの上下の幼児の集団が、笛を胸からぶら下げた黄緑(だったかな?)のエプロンの揃いを着た先生に連れられていました。寒々しいものを感じました。これが世間では〝普通〟と思われている、幼児教育の一面です。

ほんの一部分ですが、これが幼稚園であり、普通のことなのだということに対して、言葉にできない別の〝何か〟を感じられたので「多くの方が観にきてくださったのかな?」と自分に都合よく考えております。なかには「子どもの映画だから……」と言って、期待しないで来たという方もいらっしゃいました。ところが、観てガク然としたようです。映像と音楽のすばらしさにガク然となされたことはもちろんだと思いますが……。

二回目の上映後の〝トーク〟のとき、思わず、

「(幼児のたった一カ月の記録なのに)どうして観にいらしたんですか?」

と、問いかけてしまいました。

翌日、岩波ホールで韓国の『冬の小鳥』(監督・脚本:ウニー・ルコント、二〇〇九年)を観ました。劇映画ですから、環境も構成も違いますが、苛酷な境遇の中の九歳の少女の心理が見事に表現されていました。子どもたちのことについて〝答え〟はすぐに出なくても、みんなが関心を持って考えていかねばならないことだと思っております。

虫のいのち

先日、Kさんからうかがった話です。

ある母子が道を歩いていたところ、車に轢かれたのか、つぶれたガマガエルを見つけたそうです。母親一人で歩いていたら、見つけても見過ごしてしまうのですが、お子さんの小学生のSくんが、

「道路の上じゃかわいそう」

と言って、少し離れた土の上に置き、近くにあった赤い実を供えて手を合わせたそうです。

またどこかのお宅の垣根の所に、お腹が破れて汁が出ているカマキリをSくんが見つけ、垣根の奥へ入れようとしていたところ、別の子が、Sくんがそのとき何をしよ

うとしているか理解できなかったようで、そのカマキリを捕まえて少し乱暴に扱ったのか、カマにはさまれてしまいました。その後Sくんは、垣根の隙間からそのカマキリを奥へと入れたそうです。

それを聞いたSくんのお母さんは、

「幼稚園のときは、アリ踏みつぶしていたのに……。幼稚園で小さな虫が死んだときでも、お花を供えてナムナムしていたからでしょうか、よかった」

と、おっしゃっていました。

二年前のことだったと思います。年長の女の子が、やはり道で息絶えていたトンボを見つけました。「ここじゃかわいそうね」と言われると、すぐ脇の畑の土の上に置いていました。

たとえ小さな虫であっても、生きていたものに対する敬意、〝あわれみ〟の気持ちといったらよいのでしょうか、その気持ちは実際の体験とともに、そばにいる大人の〝ひと言〟が育てるのではないかと思います。そしてそれは、幼児のときに育つのだと……。

子どもたちの映画づくりのとき、どんぐり組はカマキリがバッタを捕らえる瞬間を撮っていました。カマキリを飼うなかで、生餌のこと、共食いのことなどを体験し、子どもたちの気持ちがどう変化していったか、とてもわかりやすい記録をマサミ先生が書きました。来年のどこかで『教育美術』の保育実践の欄に載せていただく予定です。

もののいのち

キウイのデッキを、お母さんたちが作り直してくださるという。長いあいだ気持ちのよい場所を与えてくれた、朽ちかかった古い木は燃やして「煙りは空に、灰は土の上に」とわたしは考えていました。

その会話をどこかで耳にしたAくんが、

「あれ燃やしちゃうの～?」

と、大工の山形さんのそばに来てつぶやいたそうです。

山形さんはその〝ひと言〟を聞き逃さず、

「話があるんだろー」

そう言ってAくんをわたしのところに連れてきました。

「なーに」

というわたしの問いかけに、しばらくの沈黙のあと、

「燃やしちゃうの〜？」……。

「どうしたいの？」

と聞いても、燃やすのはいやだけど、その先はわからないというか、今の自分の気持ちを、どう表現していいかわからない、というふうでした。キウイのデッキは、自分の保育室の前でもあり、寝転がったり、またお弁当を食べたり、荷物をちょっと置いたり、腰かけたりと慣れ親しんだ場所ですから、Aくんの心の中に、大きな場所を占めているのだと思います。いくら新しくなるといっても、あの木の感触のある、あのデッキはほかにはありません。それがなくなることが寂しかったのでしょう。

一二年前の夏、デッキや花壇を作り、レンガを敷いている青年たちの写真を見せて、この古い板のことを一緒に考えることにしました。Aくん、そしてAくんと同じ気持ちの子もまだいるかもしれません。その子たちの気持ちに合わせ、デッキはゆっくりと解体され、そしてゆっくりと作られていくといいと思います。

そこすわっちゃダメ！

「そこすわっちゃダメ！」

「そこもダメ！」……。

年長組のYちゃんが友だちに向かって叫んでいました。

スイセン（水仙）やシャクヤク（芍薬）が植えられている花壇の柵が古くなって、根本のほうが傷んでグラグラしている個所がいくつかあり、麻ヒモを使って直してあります。大人が気づいて直したり、子どもだけで直したり、一緒に直したり、そのヒモのしばり方を見れば、誰が直したか察しがつきます。

Yちゃんもきっと、そういうことをしてきたのでしょう。そこは大切に直してきたところですし、まだグラグラしているので「すわっちゃダメ」ということなのです。

または、誰かが直しているのを目にしてきたのかもしれません。だからYちゃんにとって「すわっちゃダメ」なのです。

木は濡れたり、土に触れていると腐りやすい。レンガで作ったものも、接着部分は高熱に弱い。自分たちが使っているものが壊れてしまったら、何とかして直そうとすることです。しかも、直すことは新しいものを作っていくことよりも技術がいる。自分が今もてる力を越えていることがあるからです。映画『風のなかで』のなかにも、レンガのカマドの修理の場面がでてきます。このような、そこに自分もかかわるという体験の中で、技術とともに〝もの〟への愛着心も育つのではないかと思います。

Yちゃんが叫んでいたときの〝真剣〟な表情が忘れられません。

壊れやすいけれど、直しやすいものが子どもたちの場所にあったほうがいい。『桃山』に置いた葉っぱも、遊んだあとは崩れるので、ホウキで掃き上げています。子どもたちがクルミの葉柄を拾い集めてつくったホウキは、手になじんで、とても使いやすい。

本物のおいしさ

世の中「グルメ」なるものが流行っていますが、それに劣らず園の子どもたちも本当においしい味を体験してるのではないかと思います。〝たき火〟の火で、お芋、ギンナン、クルミ、ピーナッツ、ときにはお餅も食べています。

ギンナンは爆発して〝パーン〟と飛ぶことがあります。ですから、経験のある子はギンナンを入れると「逃げろ～」と叫びます。弾けて中身が飛び出し、少し焦げてしまってもおいしい。そのほうが美味かもしれません。

クルミやピーナッツの少し焦げた匂いは格別です。クルミは、先が少し開いたら火から取り出さなければ、中身が燃えてしまいます。油分がたっぷりとあるからでしょう。煙が出ているクルミは燃えるに任せるしかありません。残念だけど……。

たき火は、ガスの火とは違います。手間ひまがかかっています。枝や葉っぱを選んで集めてこなければならないし、火の起こし方にも技術がいります。風向きや燃やしているもののことも考えて、扇ぎ方を加減しなければなりません。そのような仕事をして、時には汗をかいて、ほぐれた体が、食べものをより〝おいしく〟受け止めるのでしょう。また、ほっかりと柔らかなあたたかい熾火《おきび》のまわりで食べることも、味付けをしているようです。

そして、時には分け合って、時には奪い合って食べること。マサミ先生の記録によると、たくさんつかんで人のいないところへ行き、食べている子がいたそうです。たくましい。動物園みたいだ……。干し芋やギンナンのおすそ分けを、ほんのちょっぴり「どうぞ」と差し出されると、「鼻クソかな?」と、ハッとさせられることがあります。

新しく何かを使い始めるときや、使い終えるとき、ジュースやお酒をかけて「よろしくね」「ありがとう」という〝儀式〟をすることがあります。作っていただいたキウイのデッキにジュースをかけたとき、デッキについたジュースを指につけてなめている子がたくさんいました。二人の男の子はデッキの下にもぐって、隙間からこぼれるジュースを口に受けていました。とてもおいしかったそうです。

食べることに貪欲であることは〝意欲〟になっていくのかもしれません。そして、たくさんは〝無い〟ことも大切なことのようです。

デッキにかけたジュースは小さな一缶でした。

どこの幼稚園？

お別れ遠足で『江戸東京たてもの園』（小金井市）に行くようになって、一五年近くになります。ここは〝建築〟を学んでいる人も来るところです。

遠足の前日、年長児たちは『竹の子村』にいました。ここで、なぜこのように竹を切るのかなど林業の方の仕事について伝えたり、枯れかかっても頑張っているモモ（桃）の木のことや、ヤマブキ（山吹）の手入れについて、子どもたちや参加のお母さんたちに話しました。

ヤマブキはいま葉が付いていないので、生きている緑のところと枯れている茶色のところを見分けるのにちょうどよいのです。枯れたところはハサミで切るのですが、その感触がとてもいいのです。茎の中の〝白い芯〟を見つけた子もいました。もっと

やりたそうでしたが、時間が足りなくなってしまいました。次の日やりたくても遠足です。「早くかえってこようよ」と言った子もいたようです。

今回はとくに、二人の学芸員の方がジャガイモの植え付けのために土を篩《ふるい》でふるっている姿にくぎづけになっている姿が印象的でした。

篩は竹と網でつくられた道具で、それを斜めにして腐葉土を乗せ、棒なども使ってふるうと、いい土は下に落ち、根っこやかたまりは転がり落ちるのです。いま自分たちが使っている道具よりも能率よくできていると思ったようで、

「竹と網か〜」とつぶやいたり、

網を手で触って、「だいぶかたいな〜」……。

網の質を調べていた子もいました。いま、土ふるいに一生懸命になっていますので、これを作ろうと思ったようです。

『江戸東京たてもの園』に来ると、子どもたちの表情は遊園地などに行ったときとは違う表情になるようです。農家の屋根になっている茅《かや》は、自分たちが切ったことのあるススキに似ていること。ワラを柔らかくするのに使う木槌《きづち》、ワラでできた昔のレインコート（蓑《みの》）や石臼《いしうす》、

「ここにもある」

「たけぼうき（竹箒）、いまだって使ってるよ」

「いろり（囲炉裏）の灰、白いのだけだ！」

「幼稚園のたき火の灰は白いのと黒いのがあるのに」

「たき火で煙出しちゃいけないのに（囲炉裏は）すごいケムリ」

「おとななのにヘタだねー」

煙を出すのは、煙で屋根などいぶして虫を退治するためなのですが、園の生活と重なることばかりなので、真剣に見つめる子どもたちでした。

また、あるときここでノビルをとるのに一生懸命になり、ノビル臭い集団となったことがありました。園のノビルは柔らかなところはみんなで摘んで食べてしまうのですが、ここでは誰も摘まないのでたくさんあることがうれしかったのでしょう。

遠足などに行って、ただおもしろがるだけでなく、何に真剣に興味を示すかです。

それはイコール、

「自分たちはどんな生活をしているか、何にこだわっているか」

ということだと思います。

そういえば、三井家の中で、そして出口近くで、学芸員の方に言われました。
「どこの幼稚園？　こんなの初めてだ。静かに歩くし、話も静かに聞くし、〝統制〟がとれてるよ」（行進の練習などしたことはないのですが）

こういう厳しそうなおじさんにほめられると、とくにうれしい。「また来てね」と女性の学芸員さんが、ニコニコして送ってくださった。

お弁当のあとのゴミ拾い、小さなゴミ、しかも透明の見えにくいセロファンなど見つけた子はヒーローとなり、担任に「よく見つけたね」と言われる姿を、友だちが見ていました。

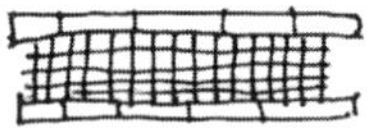

約1メートルの竹のあいだに金網を張りななめにして使います。小さな丸いふるいよりずっと能率がいいのです。

あの日の空気

大きな災害の中で、日本中がそして世界中が、これからどう生きるか……。私たち一人ひとりがその生き方まで問われているようです。

被害を受けられた方々に心よりお見舞い申し上げます。

大震災による津波や原子力発電所の事故などで、世の中が不安な状態になっています。これからも、思わぬこと、配慮しなければならないことが起こってくることでしょう。できるだけ正しい情報を得て備えをし、避けられるものはできるだけ避け、そうできないものは、残念ながらここに生活するものとして受け入れていくしかありません。

今までは紫外線のことなど、環境については配慮しながら、子どもたちの体のことを考えてきました。ドキュメンタリー映画「風のなかで」にそれは集約されています。これからはある時期がくるまで、映画の中のように思いきり活動することに多少の制限をつけなくてはならなくなりそうです。しかし、なるべく消極的にならないよう、健康・安全への配慮をしていきたいと思っております。また今後、こちらで判断いたしかねることや、ご家族の自己判断の部分も出てくるのではないかと思っております。みなで知恵を出し合いやっていきましょう。

原子力発電所の事故以来、園を休園にし、できるだけ外出を避けることや、とくに子どもたちが雨に濡れないようにお伝えしてきました。このことがずっと先、子どもたちの健康に何らかの結果を現わすことがあるかもしれません。

遅くなってしまいましたが、「第四五回卒園式」を〝いつにしようか？〟〝どのような形にしようか？〟考えてきました。四月一日にすることにしましたので、お知らせします。

子どもたちも一緒に手を入れてきた園庭は春の草が芽を出し、ハクモクレン（白木蓮）もモモ（桃）もこの日に合わせたように咲き、カンヒザクラ（寒緋桜）もまだ散らずに待っています。卒園していく子どもたちを祝って見送ろうとしているのでしょうか……。

追記：原発事故のあった今年は、花が開いてもカンヒザクラ（寒緋桜）は野鳥に突つかれて落とされませんでした。ハクモクレンも……。わたしは「よかった」と思いました。しかし今年は花を突つく野鳥がいなかったのです。一羽も！　ムクドリも、ヒヨドリも、カラスも、ハトも、ツグミも、メジロも、ジョウビタキも、シジュウカラも、スズメも、インコの群れもいませんでした。
この季節は賑やかな野鳥の声で目を覚まします。毎年少なくともひと声かふた声は聞くことのできるウグイスの声も聞くことはできませんでした。鳥たちの声が少しずつ聞かれるようになったのは、三月も末になってからでした。野鳥は敏感なので、あいこの関東地方の空気に何かを察知したのでしょうか……。

（二〇一一年三月三〇日）

揺れてる？

「揺れてる？」……。

年中児が本をたくさん運んできて、床に積み上げてから崩して、地震で崩れたのだと言います。三月十一日のあの大きな地震の影響でしょうか？　ときおり〝地震ごっこ〟がみられます。お母さんと離れた不安とともに、大地震の不気味な余震がときどき起こる今年の新学期……。

でも、そんな子どもたちを受けとめる春は柔らかです。風は、ほおを〝そっと〟なでていきます。花の色もパステル調、うすピンク、うす紫、黄色などが多いように思います。まだ小さな草も木の葉も、柔らかな黄緑色をしています。ヨモギもノビルもハコベも、たっぷり水を含んでいます。

秋から冬のあいだ、草も木の葉も枯れて、カサカサと乾いていました。オナモミの実をうっかり踏んでしまうと、カギ状のトゲが刺さり、悲鳴をあげてしまうほど痛かったことがありました。

園庭の真ん中の田んぼではオタマジャクシがたくさんかえっています。子どもたちはそれをつぶさないように、小さな手でうまくすくっています。昨晩生まれたらしきタマゴもたくさんいます。少し勇気のある年少の女の子が、はじめは緊張しながらも、やがてその感触を〝じっと〟確かめるように手に乗せていました。

新入りの子にとっては、見るもの触るもの、みなはじめての驚きようです。春の自然は、今の子どもたちにとって、ちょうどよい遊び相手です。

三月の初め、手入れして切った第二グラウンドのサクラ（桜）をお母さんたちとテラスに生けました。テラスは桜のステージ、並木道となっています。園庭のあちこちにも、お母さんたちが工夫して生けてくださいました。あのとき、桜は枯れているようであり、「花が咲くんですか？」と怪訝な表情の方もいました。今では園庭をにぎやかに彩ってくれています。その間を走りまわる小さな姿……。いい風景です。

例年より開花が少し遅れこの時期に満開となってくれたのは、いろいろな不安の中で入園したり、進級したりした子どもたちへ、神様からのプレゼントかもしれません。

四月一日に行なった卒園式では、

「みんながお庭の手入れをしてくれたから、ありがとうと言って、モモ（桃）の花がこの日に合わせて咲いてくれたのかもしれないね、きっと」

と、ひと言添えました。

子どもたちが育つプロセスで、とくに幼い時ほど自然の中で過ごし、草のひとつひとつ、土のひと粒ひと粒、木々の一本一本、葉っぱの一枚一枚と対話することが必要です。今、この時、「自然の中で」という保育をどう守っていくか、大きな課題です。

追記：これを書いていたとき、卒園して一年生になったJくんが、「こんにちは」とやってきて、「拝んでこ」と言ってカルたちの写真の前で、じっと手を合わせていました。いつもより長く……。こうすることで、いろいろな思いがあるのでしょう。「自分の気持ちを落ち着かせているのかな?」と、ふと思いました。そうだとしたら、自分をコントロールする力ってすばらしいと思いました。

サルじゃないもん

年長児たちに『デッキ』について話したとき、

「どうして（板と板の間に）隙間があるの」

と聞かれました。わたしは、

「木と湿気との関係から……。だから隙間があるんじゃないか」

と伝えましたが、大工の山形さんはどう説明なさるでしょう。「隙間ができちゃったんだよ」とのひと言で片づけられてしまったらどうしよう。


子どもたちは、板の隙間にたまったゴミに気づきました。枯れて粉々になった葉っぱ、ワラのかけら、土、お米粒の干からびたもの、小さな種……。

翌日、このゴミが気になったのか、子どもたちが取っていました。ゴミをかき出すという、とても単純なことなのですが、取れると妙な快感があります。木の枝でつつくのもいいのですが、ちょうどいい太さでしっかりしたものはなかなかありません。Yくんは気に入った枝があったようで、ずっとそれでやっていたといいます。担任のマサミ先生は、前日食べたお団子の竹串を隠し持っていました。あとでこれが活躍したのは言を待ちません。

わたしはできるだけ真っすぐなフォークと包丁（子供用）でやってみました。結果は、フォークはいいのですが、包丁はうまくいきませんでした。子どもたちにびっくりされるだけでありました。

下敷きもファイルもだめ。ただ、厚手の細い紙はうまく取れるようで、クシャクシャになるまで使われていました。チエさんが空き缶や針金ハンガーが入っている不燃ゴミの段ボールを持ってきました。子どもたちはそのなかから使えそうなものを物色し、いろいろ試していました。チエさんが手にしたのはカレンダーの金具の部分でしたが、厚みがあってだめでした。

Rくんは自分の部屋から針金を持ってきました。先が曲がって「し」の字のような形をしているので、これがいちばんよく取れます。チハル先生によると、「Rくん、これに目をつけて選んだようだ」と言っていました。

ほめられるRくんのとなりで、Tちゃんが真剣な目つきで自分のバッジを外し、安全ピンの針を使っていました。これもいい方法です。年中組の子も何人か混じって、おもしろそうにやっていました。

なぜこんなことがおもしろいのでしょうか。どうやら、泥粘土が乾いてベニヤ板に張りついたものを削り取る時の感じと共通するところがあるようです。

夢中でやっている子に、

「サルっぽいねー」

と言ったら、

「わたしたちサルじゃないもん」……。

からだを丸めて夢中になっている姿に、何か〝仕事人間〟としての原点を見る思いがしました。

かき出すこと……。これも一人前の子どもとして成長するプロセスでのひとつの能力かもしれません。

翌日は、大学で『道具』についての授業でした。そこで、あらかじめRくんとTちゃんに、「これ貸してね」と約束を取り付けておきました。授業当日、学生たちに道具として使われたいろいろなものを見せました。何に使われたのかわかると納得。自分たちにも覚えがあると言います。

「楊枝《ようじ》で敷居にこびりついたゴミとりました」

「糊《のり》を薄く伸ばし、乾いたら破けないように〝そっと〟はがすのおもしろかった」

彼女たちにもそんな記憶がひとつやふたつあるようで、教室が少しざわめきました。

身近なモノを道具として使う能力、これは「知恵」です。

Rくん、まいったよ！

クシャミに効きますか

先日、わたしの座っている席の後ろのドアが壊れてしまいました。なんとなく後ろが〝スースー〟として落ち着かないので、布を掛けました。すると誰かが、

「お風呂屋さんみたい！」

と言ったので、

「そうだ、それじゃ温泉にしちゃおう！」

男の子が二〇円、女の子が一〇円（担任から本当にお金をもらってきた子がいました）。「効能」は、「オネショ」「おもらし」「ケンカをしなくなります」「足裏マッサージやります」＝「こちょこちょ療法」（足が汚くて、これにはびっくり！）。「定員」は四〜五名。露天風呂あり。

「お客さんツイてますね。今日は雨でも富士山が見えますよ」（ちょうどよいところに富士山の絵を描いて貼ったのです）

「クシャミにききますか」

「効きますよ」

「そんならちゃんと書いといてよ」……。

年長児、字が読めるらしい。クシャミが出て困っていたようで、真剣な表情でした。

源泉は「湯たんぽ」……。

「これ、おばあちゃんちにある」

湯たんぽの柔らかな温かさは、子どもたちには気持ちがいいようです。

小さなお客さんたちは、はじめみんなで湯たんぽを囲んで手を当てていましたが、

「ぼくが持っていてあげるから、みんな～、手あったためていいよ～」

という子が現れました。これは持っている本人がいちばん温かい。

そのうち順番に〝湯たんぽ〟を持つことになり、必然的にお腹を温めていました。

テレビで観た光景ですが、被災地の幼児たちのストレスの解消のために、友だちに肩に手を置いてもらって、「あったか～い」とうれしそうな子どもの姿がありました。

あったかいものに触れることは心理的にもいいようです。

あの子たちの中には、本当に〝オネショ〟に悩んでいる子もいたかもしれません。湯たんぽの上に座ってお尻を温めていましたから……。

だいぶ前のことですが、プランターでホオズキが赤くなった時のこと、わたしが、

「ホオズキ食べると、オネショがなおるんだよねー」

とつぶやいたら、それをじっと聞いている子がいました。しばらくしてプランターのところに戻ると、ホオズキがありません。

「もしかしたら」と思い、その子の母に、

「これ内緒だけど、もしかしたらAくん?」

と声をかけたところ、

「そうなんですよ、困ってましてね」……。

子どもたちは、真剣に自分の〝健康〟を考えているのかもしれない。どうにもならない自分の〝素行〟にも悩んでいるのかもしれません。今度は「かみつき」「ひっかき」にも効く温泉を発掘したいと思っています。

手で読む

カメラといえば、旧《ふる》い話ですが「日光写真」……。印画紙らしきものと写したいもののプリントを重ねてしばらく光に当てておくと、ボンヤリと灰色に映像が浮かぶのです。映った時はうれしいものでした。中学生になると、父が露出計の使い方を教えてくれて、モノクロの写真を撮ったりしましたが、光と時間の関係は今でもむずかしいです。昨年半ばからデジタルカメラを手にするようになりましたが、アナログカメラで育った身には、デジタルカメラがどうして映るのか、未だわかりません。

土曜日、山田洋次監督のテレビドキュメンタリー『復活』を観ました。二年前から製作が開始されたそうです。はじめは『じょうききかんしゃ』のタイトルでしたが、東日本大震災を意識し、『復活』にしたそうです。三〇余年間眠っていて、錆びつい

てひどい状態の機関車を、六〇代から八〇代中心の技術者集団が、自分の持てるアナログ的技術を駆使して二年かかって、煙を吐いてたくましく走る蒸気機関車に〝復活〟させるという話でした。

技術者の方が、車体に手で触れて、カン（勘）も働かせて、その状態を読み取っている自信に満ちた表情が、わたしには印象的でした。そして、蒸気で走るとはどういうことか、ピストン、シリンダーの役目は……。ヤカンと同じ仕組みなのだということも、わかりやすいものでした。

大工の山形さんは、アナログ的な知恵をたくさん持っています。プールの前にカーテンを掛けるためのヒモを張るときも、棒は鉄杭の反対側に立てて縛るといいことや、モノとモノを接着して、しばらく縛っておくときは布のヒモよりもゴムのほうがいいことなどなど……。先日は、砂場のコンクリートが少し割れて『どんぐり組』の子どもたちが修理しましたが、そのときも、山形さんは師匠の南山さんより伝授された、とっておきのボンドの使い方を教えてくださいました。園で使っている四台のハシゴも、薪を積んである小さな小屋も、みな南山さんが作ったもので、三〇数年たつものもありますが、まだしっかりしています。

デジタル的なものは便利ですが、実体が無いような気がします。わたしもお世話になっているのですが、使ってみてどうもそんな気がします。そのうえ、部品をひとつひとつ手にして、子どもたちにその役割を説明するのはとても難しいのではないかと思います。その点、蒸気機関車の仕組みはおもしろい、わかりやすい（産業革命のきっかけでしたよね、たしか）。そして同時に、壊れることもありますが、直せることの大切さも教えてくれます。直せないものはゴミになるばかりです。危険なゴミは、割れたガラスの尖《とが》った破片だけで十分です。

金曜日の夕方、〝発電鍋〟（鍋の内側と外側の温度差を利用して発電する仕組み。ゼーベック効果）で電気をおこしました。夜遅くなってしまいましたが、若い担任たちの夢中になっている姿は研究熱心な少年（？）の姿そのものでした。

「直して使おう麦ワラ帽子」……。

デジャブ

〝匂《にお》い〟は、子どもたちの心を高揚させるのでしょうか。安定させることもあるようです。『アロマセラピー』という学問があるくらいですから……。

先日の台風で木の実がたくさん落ちました。アオギリの実、カキ、モモ、ドングリ、ヒメリンゴ、ギンナン……。モモの匂いはほのかに漂いますが、ギンナンの匂いは強烈です。とくに皮が破れているのはすごい臭いがします。これに触れてかぶれると大変なことになるので、一カ所に集めてあります。

ギンナンをつまんで、「これいい匂いだよ」と鼻先にもって来られた子は、はじめて嗅ぐ臭いにびっくりして大笑い。だましたほうも、「やったー」とばかりに大笑い。こんなやりとりで大笑いが広がっていました。

〝匂い〟は五感の中で、とても原始的《プリミティブ》な感覚かもしれません。良くも悪くも私たちに〝遠い記憶〟を呼び起こしてくれることがあります。時にはそのときの風景や感情までよみがえることさえあります。

どこかで嗅いだことがあるが、なかなか想い出せないこの匂い。

「これ、何かの匂いに似ている」……。そんなデジャブ《既視感》に似た経験はないでしょうか。植物に囲まれ土の上で過ごしている子どもたちは、口に出しませんが、いろいろな〝匂い〟を体験していることでしょう。匂いの体験と、味の体験がふと〝ひとつ〟になって、〝おいしそうな匂い〟となるのかもしれません。

ずっと昔、友人と京都の郊外を歩いていたとき、小豆《あずき》らしき豆の煮える匂いがしてきたことがありました。おもわず、「あの匂いはお砂糖入れる前の匂いよね」……。こんなことで笑い合ったことがあります。小豆を煮ているとき、よくこの時のことを思い出します。

台風はいろいろな〝匂い〟を運んできます。台風が吹き荒れた翌朝、雨戸を開けると、まだ緑色をした木の葉が風に吹かれ、傷んで、乾いた匂いでしょうか、独特な匂いがします。秋のはじまりの匂いです。

自転車が落ちてる

先日、地域の「ゴミ拾い」（クリーン大作戦）に年長組が参加しました。

ところが、集合場所におとな四人が付き添って着いたとき、地域の人たちからこう聞かれました。

「お母さんたちまだ？」……。

「子どもたちの参加なんです」

と答えると、集まったシルバーの方々は「子どもなのに、できるのかなー」という怪訝《けげん》な表情でこちらを見ていました。

しかし、この疑いの気持ちは間もなく消えたようです。少なくとも、時間ギリギリまでカメラを手にして一緒に歩いてくださった区役所の方は……。

安全のため、遊歩道を歩きました。

「大人が五人も前を歩いているからもうゴミないかもしれません。せっかくなのに」とマサミ先生。

「だいじょうぶよ。年寄りは小さいゴミ見つけられないから」……。

予感は的中！　やはり大人が拾ったあとでもゴミはまだまだありました。そして子どもたちは小さいゴミをよく見つけました。

「宝探しだな～」

「いい枝あったー」

「○○にちょうどいい！」……。

ラムネのフタやアイスクリームの棒……。何に使うのか、それぞれに意味があるようで、子どもたちにとってまさしく「宝探し」でありました。

途中、植え込みの中に粗大ゴミを見つけました。ベッドらしきものなど、家具もありました。区役所の人の、

「これは重くて運べないから、写真に撮ってあとで取りにきます」

という言葉に子どもたちは納得。しばらくすると今度は、黄色っぽい水が入った古

いガラスビンが出てきました。

「これは何の水かわからないから区役所へ行ってから出します」

これにも納得。

子どもたちに、ちょっと何だか〝わからない〟ものがあるときは、大人に言うよう伝えました。

というのは以前、朝、登園の途中でタバコの吸い殻を拾ってヤケドをした子がいたからです。「道路をきれいにしなくては」という気持ちだったのにです。それを機会に子どもたちは、ゴミを見つけた時はやたらに手にするのは〝ちょっと危ない〟ということも感じたかもしれません。

植え込みの奥に置かれた自転車……。

「こんなところに自転車が落ちてる」

「カギがかかってるから誰かがここに置いてるんじゃない?」……。

考えてるなー。

マサミ先生の記録より……。

「植え込みの奥のほうにたくさんあるゴミまでも一生懸命拾っていました。Y=

『手伸ばしても取れないね』。見えてるんだけどね。Y＝『おとなでも取れないなんてどうするんだろう』。K＝『なんでゴミを隠しているんだろう』……」。

子どもたちははじめ、自分のビニール袋にゴミがたくさんたまっていくことがうれしかったようですが、心ない大人のしたことをどう感じたでしょうか。たしかに、幼稚園の中にゴミが落ちていることはありますが、隠されてはいません。

ゴミの入ったスーパーのビニール袋を持つとき、子どもたちはいろいろ工夫していました。持ち手の片方をバッヂの安全ピンに掛けて、もう一方を手でうまく持つこと。これは安全ピンがゴミの重さで広がってしまって、その後やりにくくなってしまいました。また、ビニール袋は引きずると破れてしまうことも知りました。

園に近づくと、子どもたちから自然と歌が出ました。「♪♪♪」……。満足したようです。帰るとすぐに分別が始まりました。

「ゴミ拾い」をしていて気づいたことですが、子どもたちは、自分のしていることが、自分のしたいことと〝合っている〟ということではないか。だから子どもたちの中から、自分の意見や感じたことが言葉として出てくるのではないかと思いました。

そんなに早く行かないでよ

竹の子村から園庭へと、長い竹を二人で持って運ぶとき、前を歩いていたY子ちゃんが後ろを見ないでさっさと歩いていました。すると、後ろを持ったA子ちゃん、「そんなに早く行かないでよ」……。

でも、Y子ちゃんは気にしないでどんどん行ってしまいます。やがて、後ろにいるA子ちゃんの手から竹は離れ、Y子ちゃんひとりで引きずって運ぶかたちになってしまいました。

こんなことを繰り返しながら、後ろの人のことも考えたり、前の人を意識しながら、いつか上手に運べるようになるのでしょう。〝四歳児〟のことです。

友だちと呼吸《いき》を合わせて何かできるようになることは、こういうところからその一歩が始まるのではないかと思います。

ドキュメンタリー映画『風のなかで』の冒頭の近くに材木を運ぶ場面、終わり近くに切り出した竹を運ぶ場面がありました。一カ月弱のわずかな間に、こんなに運び方が変化したことに驚いています。映像にならなかったら、気づかないことでした。

材木を数人で運ぶとき、先頭でかついでいたHくん。前と後ろの呼吸が合っていなかったのか、細い曲がりかどのところで、

「おい、押すなよ、曲がれないじゃないか。どうみても！」

と、後ろの子に怒っていたのですが、竹を運ぶ場面では、二番目にいてしきりに後ろを気づかっていました。

そういえば、二〇一一年の『キネマ旬報』で、映画評論家の渡部実氏が、この映画の中の子どもたちについてこんな講評を寄せてくださっていました。

「……友だちや先生との会話もすでに小学生ではないかと思われるほど、その内容は具体的で意味が通じる。……幼児なのに言葉と行ないが一致しているように見える」

単純だけど、基本的な動きや活動の中に、考えたり、工夫したり、発見したり、また友だちとのコミュニケーションを育てる余地があるように思います。日常の姿、単純な活動ということに着目しながら、子どもたちのこと見つめて行きたいと思います。

節分の空

「『幼稚園が変わった！』と、年中組のAくんが言ってました」

とミヨコ先生。節分の日、鬼たちが大暴れし、その後、仲直りをしたあとのことです。

子どもたちは、一月に被災地の話（岩手県宮古市田老に震災以来、年に数回ボランティアに行っています）のおまけに、秋田の〝なまはげ〟が秋田を出発して各県を回って東京にやってくることを聞きました。そのときの子どもたちの反応は……。

「うちのおじいちゃんち、栃木だけどだいじょうぶかな〜」

「埼玉から千葉へ行っちゃうといいんだけど」

「腰が痛いから節分の日は休む」

「『三七度五分の熱が出るといい』と言っているんですよ、うちの子」……。

三八度を越えると苦しいですが、子ども心にも三七度五分ぐらいだったらそれほどでもなく休めるということなのでしょう。

〝節分の朝〟はいつもより重い足どりで門を入って行く子が多かったようです。

とうとう一二匹の鬼が登場。

「ぼくはケガをしてるんです、やめてください！」

「悪いことはしてません、もうしません！」

鬼たちと子どもたち、そして助っ人のお母さんは入り乱れ、阿鼻叫喚《あびきょうかん》の様相。保育室は修羅場《しゅらば》と化しました。それにしても今年の鬼は不気味でこわかった。

「たすけて〜」

「鬼は〜そと〜」……。

わたしも二、三日声がかすれていました。

鬼との仲直りのあと、保育室に戻ったとき、空は少し前の空とは違っていたように思います。このころ独特のふんわり大きな春の雲、そして明るい春の光、こわい鬼を追い払って〝困難〟を乗り越えた晴れ晴れとした気持ちと、その時の光景とが一緒になって冒頭の「幼稚園が……」という言葉が出たのではないかと思います。変わったのはむしろAくんの〝心の中〟だったかもしれません。

子どもたちのひと言からいろいろなことを想像することができます。たき火で煎ったピーナッツ。

「まだ熱いから気をつけて」

と言ったら、

「どうして（触らなくとも）わかるの？」……。

いい疑問だと思いました。

よごれちゃったから

年少組のSくんが〝たき火〟の近くで小さな手を火にかざしていました。見ると赤いジャンパーの胸のところが泥だらけです。

「どうしたの？」

「よごれちゃったから乾かしている」……。

どうも〝桃山〟の斜面で転び、胸からすべったらしいのです。こんなに泥んこになってしまったら泣いてしまい、着替えを手伝ってもらう子も年少児だったらまだいるかもしれません。

後日、「こんなことありましたよ」とSくんのお母さんにお伝えしたところ、

「そういえば赤いジャンパーに泥が付いてました。おにいちゃんがいるから……」

と、ニッコリされていました。おにいちゃんもそうしていたのでしょう、きっと。

あのとき、自分に〝何か〟が起こったとき、なんとか自分の知恵で乗り越えていこうとする力が、この子の中にもう育っていることを感じました。これと似た光景をときどき見かけます。

人に答えを出してもらうのではなく、小さな問題をひとつひとつ解決しながら、一人前の子どもに育っていくのだと思います。

いい空気

新学期をむかえて、約三週間が経ちました。新入児たちもそれぞれに、おもしろそうなこと、おもしろそうな場所、おもしろそうな人を見つけようと、園内のアチコチを探索しています。

年中組から入ったHくんは、はじめ担任の姿が見えないと不安そうに泣いていることがありました。そのころ、わたしのことを「おばちゃん」と呼ぶようになり、「おばちゃんこっちおいでよ、いっしょに遊ぼうよ」……。

その後、しばらく何回か相手をしているうちに、もうわたしのところへは来なくなりました。

そしてある日、Hくんは枯れ枝で地面に線を引いていた友だちをじっと見ていたかと思うと、自分も手ごろな枝を見つけ、同じように地面に線を付けていました。二人はお互いに言葉を交わしてはいませんでしたが、真似し真似されるなかで、お互いの間に何か〝いい空気〟が流れているように感じられました。

また年中組に進級したMくん。バケツの中に自分でたくさん集めた砂を新入りの子がとつぜん持って行こうとしたとき、「ダメ！」と手で払って怒りましたが、すぐに自分が使っていたスコップを渡して、

「いっしょにやろう」……。

年少組の時に積み上げた友だち関係の中から出た言葉なのかもしれません。

一緒に遊ぶこと、心が安定すること。年齢が低いとまだまだですが、そして個人差もありますが、ゆっくりゆっくりと段階を踏んで進んでいくのでしょう。

Hくんは今日、おともだちの中で、笑顔で紙で遊んでいました。

虫つぶし

「これはつぶさなければ」……。

わたしはアジサイの葉の裏側についた虫を下からのぞき込んでは、それを手でつぶしていました。大きくなったものは指先ではうまくつぶれず、そんなときは葉にくるんでつぶしました。一枚の葉に四〜五匹ついているのは、葉を揺らすと下に落ちてしまいます。かすかな薄緑色で、フンが入っているところは黒味がかっていますが、柔らかなからだは羽二重餅《はぶたえもち》みたいでおいしそうです。

数年前からアジサイの葉に小さな丸い穴がたくさんあいて、レースのようになって元気がなくなり、枯れ始めました。「どうしたのだろう」と思っていましたが、昨年原因を見つけました。この虫の仕業だったのです。

「なにしてんの?」……。どんぐり組の子どもたちが、ちょっとした予定を変更して〝虫つぶし〟を手伝ってくれました。次々と見つけられる子もいましたが、なかなか見つけることができず、誰かに見つけてもらう子もいました。虫を見つけては夢中でつぶしている女の子たち……。しばらくして何だか気持ちが悪くなったのか、自分のしていることの意味に気がついたのか、表情が変わりました。

「かわいそう」……。

男の子たちのほうが「かわいそう」とか「飼いたい」という言葉が出てくるのは早かった。男の子たちは、今まで虫たちを〝さんざん〟いじくり回して死なせてしまった経験が多いからでしょうか。

「先生、飼いたい!」

「先生、つぶしたい!」

二つの声が飛び交う中で、「飼いたい子は飼いなさい!」「つぶしたい子はつぶしなさい!」と声を張り上げる担任。本当にその通りだと思いました。マサミ先生もあまりの数の虫にびっくりしているのでした。

子どもたちはいつも「虫のいのちはたいせつに」と言われているのですが、つぶすことに快感も感じるのかもしれません。虫もむやみに殺してはいけないことですが、アジサイのためには仕方ないなーと思います。

そんなとき、武田素子さんの文を思い出しました。

「……無農薬、無農薬と口にしながら、虫一匹殺せない自分の甘さを知りました……」

（『蒲の穂』二〇〇六、中瀬幼稚園）

虫や草の〝いのち〟はたいせつにと伝えているのですが、〝例外〟もあることも伝えなければならないと思いました。少しおおげさに言えば、私たちが生きていくためにはこれが現実であり、世の中には矛盾がいっぱいであるということ、その大きな波の中を「自分の判断で生きていくことかなー」と思います。

虫についてはこんなこともありました。モッコウバラ（木香薔薇）の近くで人間に害のあるかもしれない虫を見つけたときのこと、みんなでつぶしていたら（全部つぶしたのです）ある子が言ったそうです。

「虫、ぜんぶつぶしちゃったら毒があるかどうか（図鑑で調べるとき）わからないよ」

そうだね……。

カモがいる！

二〇一二年六月三日、日曜日の朝五時五〇分、カッコウが鳴きました。

〝竹の子村〟の高いところから一〇回ぐらい聞こえてきました。朝のすがすがしい空気の中にカッコウの声が響き渡りました。どこかに移動する途中でここに止まったのでしょう。一〇年ほど前にもひと声聞いたことがあります。「気のせいか」と思いましたが、あれはカッコウだったのですね、やはり。

ホトトギスが園庭のカシワ（柏）の木のあたりでずっと鳴いていたのはもう三〇年も前の四月のことです。その後、あの「ホット・ホット・トットト……」という声は聞いていません。子どもたちがちょうど畑にいたときで、子どもたちは鳴き声を真似しながら土と遊んでいました。騒がしいのによく逃げないなと思いました。

わたしが中学生のとき、日曜日のお昼近くになるとゴイサギの群れがカシ（樫）の木に止まりに来たことがあります。青味がかった灰色の大きな体に、頭のてっぺんの羽根がみごとでした。カシの木は冬に枝をつめる予定です。

六月一日にはマガモらしき鳥の番《つがい》が夕立で出来た園庭の水たまりに飛来しました。

「先生！　カモがいる！」

そう言って卒園生が見つけてくれました。水の上を気持ちよさそうに泳いだり、「クワッ、クワッ」と鳴きながら口ばしで水の中をかき回して、虫だろうか、草だろうか何か食べていました。そしてクローバーの山に登ったり……。

私たちもしばらくお尻を振りながらユーモラスに歩く姿を楽しませてもらいました。そのせいでしょうか、『かもさんおとおり』（福音館書店、一九六五年）を読んでみたくなりました。今までも何回かカモは来ています。初めて園庭の中に見つけたときはアヒルかと思いました。

「誰かが置いていったかなー」……と。

台風のあとはボクらの仕事

　台風一過の六月二〇日、子どもたちの仕事（遊びでもある）は台風の後片づけでした。三角タワーのところのポプラが傾いているのを見つけた担任のマリ先生が言いました。

「これ、年中でやりま〜す」

　昨年の秋のかぜ台風の時も、このポプラは傾きました。きっと葉っぱが多くて（頭が）重いことと、土が柔らかいからだと思います。あの時も年中児と引っ張って直しました。ただあの時は数名だったので、自分が引っ張るとポプラがどうなっていくのか、よくわかったと思います。しかし、今回は二クラス合同で長いザイルを使ってお母さんに幹を押してもらいながら、「オーエス、オーエス」と綱引き。前がよく見えなかったので、ポプラがどうなっているか、よくわからなかったでしょう。

でも、子どもたちは〝綱引き〟に夢中になりました。そして、大小の枯れ枝集め……。ユズリハは大物でした。年少児たちの手にちょうどよさそうな小枝や、ちぎれた葉っぱが散り敷かれている地面を見ると、これは自然のチップであり、できればこのままにしておくのも「いいかな」と思いました。きっと山の中ではこうして土が流されないよう守られるのでしょう。

渡り鳥のガン（雁）がシベリアに帰るとき、疲れたら小枝を海面に浮かべて休むため、「小枝をくわえて飛んでいく」と聞きました。地面の小枝を見ると、そのことを思い出します。そして、力尽きてシベリアへ渡れなかったガンがくわえていた小枝が海岸に流れ着くそうで、北陸の人たちはガンの供養のため、小枝を集めてお風呂を炊くとのことです。「雁風呂」……。もう今ではそういうことはしないかもしれませんね。

落ちた枝は、年長児・年中児・年少児それぞれのやり方で運んでいました。何本も手にすることが格好いいと思っている子、長くて重いものでも持つ場所を考えれば簡単だよというふうに、バランスの取り方を身につけているような子もいます。気に入ったものを手にして〝ウロウロ〟しているのは年少児に多かったように思います。年少児の中に〝仲間意識〟が育ってきたことを示すように、一本の太い枝を何人かで協力して運んでいる姿もありました。

そのなかに〝小次郎〟と〝武蔵〟がいました。コジロウくんはお気に入りの長い枝を背中に背負うように持っていました。そのとなりでムサシくんは、左と右の腰に何本かの中くらいの枝を差していました。利き手の右手でサッと枝を引き抜くためか、左側に差した枝のほうが長く、右側に差していたのは短めでした。考えすぎでしょうか。

お母さんにも大変お世話になりました。あっという間に片づけられ、台風が吹き荒れたことがウソのようでした。長い枝を片づけてくださった方がこう言いました。

「棒を持っている男の子の気持ちがわかります。この間の竹の子村の枝の道づくり、楽しかったです」

竹の子村のケヤキの枝が折れて、うまく、本当にうまくほかの枝に引っ掛かっていました。枝は落ちるところを考えて落ちたのでしょうか。この枝を見た年長児、

「これは道路のほうからも見える」

とマサミ先生が言うと、

「帰るとき、こっち通るから見よう」

という子が何人もいました。たしかにHくん、Tちゃんたちはこっちを通って帰ります。年少児ではまだこの位置関係がわからないと思いますが、どうでしょうか。次の日になると、折れて引っ掛かった枝が何カ所も見つかりました。これでは飯田林業さんに、またお世話になるしかありません。

かくして六月二七日は、飯田さんの仕事を見ることになりました。

飯田さんは子どもたちに作業の様子がよくわかるように、そして自分の安全と子どもたちの安全を配慮して作業にかかります。作業の順番も、子どもの一日の流れに合わせて打ち合わせました。このようなシーンを見ないのはもったいないですから。

作業はやはり〝竹の子村〟のケヤキの大枝から始めていただきました。飯田さんは特別サービスで、大枝に結んだロープを上に高く吊り上げるとき、そのロープを子どもたちに引っ張らせてくださいました。ザイルと違ってゴツゴツとして重く太く、なかなか思うようにつかめなかったその感触は、子どもたちの手の中に残ったと思います。しかし、安全を確保しながら少し危険なものを見るわけですから、こちらも本当に神経を使います。

木の上で仕事をする人と、木の下でそれを受ける人との連携プレー。二人の命にも関わる大切な会話が聞こえるように、何か言いたくてもじっと「我慢してみる」ことを子どもたちに伝えました。それは仕事をしている人への礼儀でもあるからです。

ロープに結ばれた大枝がゆっくりと降ろされてきたとき、高い所にあった時はこんなに大きいとは思いませんでしたが、地面に降ろされた時の太さと大きさ、そして重さにみな驚いたのでした。

大人になってもそうですが、わたしは子どもの頃から「台風が来るぞ」というときは、なんだか〝ワクワク〟として張り切ったものです（誰でもそうだと思います）。そして台風が過ぎたあと、まだ強い風の残る強い日差しの中での〝片づけ〟は子どもの仕事でした。

あのころはスギ（杉）の葉が混じっていました。そしてユズ（柚子）の葉を見つけると、なぜかうれしかったのを覚えています。ユズもまだ小さく、葉っぱも少なかったので、子どもにとっては貴重品だったのかもしれません。スギは排気ガスに弱いとかで近くの「環八」（環状八号線）の車の通りが激しくなったころ、枯れてしまいました。風にゆれる高い杉の木は豪快でした。

追記：園で工事するとき、工事の種類や時期にもよりますが、シートで覆うことはしないようにしています。子どもたちに工事を見せたいからです。子どもたちは、工事のように難しい作業や、少し危険なものにはとても興味を示します。そのとき、決して入ってはいけない目に見える〝境界線〟を作れば、安全です。明確な境界線を作らないと、子どもたちの動きと職人さんの動きを常にこちらが見ていて、「それ以上近づくことはキケンである」と伝えたり、仕事の邪魔にならないように、とても神経を使います。何よりも園と職人さんとの信頼関係がなければできるものではありません。しかし、そうすることで、子どもたちが学ぶものは大きい。少々危険なモノに対する距離感も含めた自分の身の処し方です。状況を判断する力とも言えると思います。

カメムシかなー？

七月の初めのことです。センダン（栴檀）の葉の一枚にオレンジがかった塊《かたまり》がついているのを見つけました。「何だろう」とその葉をとって見ていると、その塊は小さな虫の大群でした。わたしがじっと見ていると、子どもたちが寄ってきて、大人も混じってあっという間に人だかりができました。

こんなところに群がって「何しているんだろう」と見ていると、その虫の群れは少しずつ移動を始めました。するとその虫の下に、きれいに整列したオレンジ色に輝く小さな卵が現れました。

この虫たち「ここに卵を産んで、どこかに行くんだきっと」……。誰もがそう思って疑う者はいませんでした。そこで、「この卵から間もなく小さな虫が産まれてくるんだろう」と思い、少し離れた草むらに置きました。そして間もなくオレンジがかった虫は全部いなくなっていました。

次の日、その理由を落合進（聖徳大学教授、昆虫の専門家）先生にうかがうと、

「これは産んだんじゃなくて、虫たちが卵からかえったんですよ。卵に小さな穴がある。はっきりしたことは言えないが、これはカメムシですよ」

映像を拡大してみると、なるほど、どの卵にも虫が出たらしき穴がありました。こんなところに集団で一つずつ出産するわけがありません。大人たちも、この卵はいま産まれたんだと信じて、何の疑いも持たなかったことがおかしいことでした。

見つけると、すぐにつぶしたり殺虫剤をかけていたチャドクガの幼虫を、「これ飼いたい」と言ってくれた〝別の視点〟からモノを見る子どもたちの発言も新鮮でした。ガになったチャドクガはしばらく生きていましたが、もう力尽きてしまいました。

そしてセンダンの葉で産まれた虫は少し大きくなり、黒っぽくなって、クズ（葛）の葉の上にときどき見かけます。

「カメムシかなー？」……。

お気をつけて

九月一五日、松本健一先生の「隠岐学セミナー」に出席するため隠岐の島へ行きました。そのときの島でのある〝二つ〟のことが今でも忘れられません。ひとつは、ちょうど赤信号で止まっていたバイクに乗った二〇代前半とおぼしき青年に道をたずねたところ、ていねいに教えてくれたあと、

「お気をつけて」

とのひと言に、「えっ、いま何て言ったの？」と自分の耳を疑いました。そして「自分はどうしていたかな」と反省しました。

もうひとつは、隠岐空港まで送ってくれたタクシーの運転手さんのことです。空港でわたしを降ろしたあと、一五分ぐらいたってから、わたしがベンチでぼんやりして

いると、その方が現れました。

「忘れてましたよ」……。

手にしていたのは、わたしが園で庭仕事をする時に使っている、つくろったあとのある古い木綿の手袋でした。一五分ぐらいの間にそうとう走ったと思います。事務所に着いて、車を点検していて気づいたのでしょう。七〇歳ぐらいでしたでしょうか。日焼け具合から漁師の仕事もしているのかもしれません。島を半周ぐらいしていただいたのですが、今の〝島の事情〟について息つく間もなくよく話してくださり、こちらが恐縮するくらいでした。

都会では、道をたずねてもこんなに親切に対応してくれる人は少ない。まして「お気をつけて」という言葉はそう聞かれるものではありません。また客の忘れた古い汚い手袋など、ポイッと捨てられてしまうでしょう。都会ではもう失われつつある何かとても〝いいもの〟がこの島にはあるように感じました。

記憶の底に

「ミズキの枝が折られて草むらにありました」

「子どもたちがつかまるのにちょうどよかったのに、残念！」……。

そう言ってマサミ先生が肩を落としました。

この枝が無くなって、なんだかがらんどうで、間が抜けた空間ができてしまいました。すぐ慣れるとは思いますが、何げない小枝でしたが、登るとき、降りるとき、この枝にちょっとつかまって、子どもたちは急斜面を助けられていました。たくさんの子どもたちがつかまっていたのでしょう。小枝はツルツルになっていましたから……。

わたしもこの小枝のお世話になっていました。

どんぐり組の子どもたちは、担任と一緒に、朝、〝桃山〟の東斜面の手入れをしていたので、とくに残念に思ったのでしょう。しかし、子どもたちはうまいことを考え出すものですから、この小枝をつかむ代わりに別の方法を考えると思います。それとも足に力を入れてすべらないようにするのでしょうか。この枝につかまったことは、桃山の斜面とともに、感覚的な〝記憶の底〟に生き続けていくことでしょう。

合理的な考えの大人にとっては、「こんなものいらない」と思うものであっても、切り捨てることのできないものがたくさんあります。たとえば木の形を考えると「この枝は必要ない」と思っても、登るために足をかけたり、つかまったり、ちょっと隠れたり、そんなモノや場所が子どもには必要なのです。桃山のミズキの小枝も、そんなモノのひとつでした。無くなってから気づいた大切な小枝、お世話になった人たちは、しばらく「さびしいなー」という気持ちです。

だいぶ前のことですが、大きくなった卒園生が遊びに来て、懐かしそうに園内を見てまわり、園舎の裏の小さな穴を見つけ、「まだあった、あった」とうれしそうにしていました。幼いとき、そこに棒を差したり、土を詰めたり、のぞいたりしていたようです。

幼稚園を江戸時代に?!

九月のある日、アミ先生が言いました。

「『江戸東京たてもの園』に行ってきました。あそこおもしろいですね」

「そうよね、あそこ！」

「そうだ！　幼稚園を江戸時代にしちゃいましょう」

「一一月がいい？」……。

「不便な生活を！」「工夫することを！」「シンプルであることを！」「最後まで使い切ろう！」……。口で言うのは簡単だが、体験しなくちゃわからない。少しでもいいから、できる範囲でやってみよう。

それには江戸時代がいい。おもしろそうだし、縄文時代ほど遠い昔ではない。今もその名残が残っている。和服や道具、大人も子どもも「時代劇」の中でそのころの風俗を目にしている。お花見も、芝居も寄席も、庶民の楽しみとして江戸時代に生まれたということだし、お団子、おまんじゅう、おにぎりもあの時代からあったようだ。

ということで江戸週間の初日、わたしは印半纏《しるしばんてん》に雪駄《せった》、唐草《からくさ》の風呂敷《ふろしき》を背負って番頭スタイルで「おはようございまーす」。すると職員たちはみな着付けの真っ最中。多少裾《すそ》が広がってしまっていても、たすきに手ぬぐいで何とか様《さま》になっています。

マリ先生はある日、いやに帯がゆるんで下がっていました。「ちょっと危ない」と思っていたら、案の定、保育後〝帯〟はありませんでした。「落ちた」そうです。腰ひもだけで個人面談するとは大した度胸だと思いました。

一方、マサミ先生は一日目、何だか国籍不明の姿になっていました。そんなこんなでしたが、日ごとにその着物姿が板についてきました。裾はきちんと納まってきつつあるところで、江戸週間は終わってしまったのですが……。

何だかびっくりするほど着物姿が板についていたのがイケダさんと、〝おちかさん〟ことチエさん。おばあちゃんを装っていたミヨコ先生を見て、「少しむかし、こういう人がいたよねー」……。そう、仕舞屋《しもたや》風の家の前など掃いていました。

そして意外だったのが、この姿で園庭にいても違和感が〝無い〟ということでした。むしろ秋の風景にしっくりとなじんでいたほどです。実際、この姿で朝、道路を掃いていても「何だろう」という顔をした方は少なかった。ただ、小学生は不思議そうに、じーっと見ていたそうですけど……。

〝村の子ども〟風に着物を着た子が、お芋を煮る燃料のために『竹の子村』で枯れ枝を拾う姿も、これは普通のことに見えました。浴衣を着ている子など、動きやすくしようとしたのでしょうか、袖を三尺の中にはさんだり、裾をまくってやはり三尺の中にはさんでいたということです。「工夫するものだ」と思いました。それに遊びにくそうでもなかったようです。いろいろな着方、崩し方（〝崩れ方〟と言ったほうがよいかもしれません）のある着物を見直した次第です。

たすきがけの職員たちは、洋服の時よりも、むしろキビキビと見えました。着物だと大股で歩けませんので、歩幅が狭く、小走りであったためもあるでしょう。上靴で歩く時に立てた〝ドシン、ドシン〟（失礼！）という足音は消え、〝サッサッサッ〟という足音になっていました。着物はあぐらもかけないですし、足を崩して座ることもできないので、所作を美しく見せるようです。

そして帯を締めると背筋が〝ピーン〟とします。みな家に帰ってから「いつもと違うところが痛くなった」と言っていました。洋服の時には使わない筋肉を使っていたのでしょう。

子どもたちは上手に正座をしていました。やればできるのです。

みな口々に、「月曜日から洋服に戻るのがなんだかさびしい」と言っていました。若い先生たちの着物姿に喜んだのは、またしても巡回の警備の人かもしれません。わたしに「さすまたと十手《じって》でも持ってらっしゃいよ」と言われ、うれしそうにしていました。

二日目はあいにく雨。この日は埃《ほこり》をかぶっていたわたしの〝番傘《ばんがさ》〟の出番。愛知県足助町で、傘職人さんから買い求めたものです。今ではこんなもの使えません。重くて……。今日は雨が降るかもしれないからと、番傘を持って新宿や渋谷へ行くのは無理です。昔はめったに遠くへは行かなかったのでしょう。

傘には柿渋《かきしぶ》が塗られています。竹で作った骨はとてもしっかりと作られているので、張り替え、張り替えして、大切に使われていたんですね。雨の日、壊れたビニール傘の山を見たら、江戸時代の人は何と言うでしょうか。

時代劇で浪人者が傘を張っている姿を見たことはありませんか。武士の内職だったようです。ついでながら、番傘や蛇の目傘は柄《え》を下にして置くのです。ちょっと粋ですね。

日本では〝竹〟がずいぶんといろいろな所に使われていたようです。笊《ざる》、箒《ほうき》、熊手《くまで》、竹垣《たけがき》、提灯《ちょうちん》……。熊手は火であぶって曲線に曲げて作られているので、水は厳禁なのです。園の熊手の先がだいぶ伸びてしまっているのは水の中をかき回してしまったからでしょう。子どものころ、作ってもらった竹スキーも、先のほうが火であぶって曲げてありました。

今は多くのものがプラスチックに取って代わられてしまっていますが、以前は木・竹・紙・石、そして漆《うるし》の製品がいろいろとありました。それぞれの素材で手入れの仕方が違うので、そのようなことでも昔の人のモノに対する勘や気づかいが育っていったのでしょうね。ちなみに木製の臼《うす》や杵《きね》はひび割れてしまうので、あまり乾燥させてはいけないと聞いています。樽《たる》も乾くと箍《たが》がゆるんでしまいます。

竹と言えば、算盤《そろばん》の珠《たま》は竹でできています。五つ珠のものをいくつか出しておいたところ、初めて目にする子も多く、

「なんだろう、なんだろう」

とガチャガチャ鳴らし、

「おとなのオモチャだろ」

と言う子に友だちが納得している姿もありました。赤ちゃんのガラガラみたいだけど、色が地味なのでそう思ったのでしょう。

手ぬぐいは便利ですね。かぶり方で、お祭りにも、敵討《かたきう》ちにも、おばさんにも、おねえさんにも、泥棒にも、職人さんにもなるし、柄《がら》がいろいろあります。下駄《げた》の鼻緒《はなお》が切れたとき、手ぬぐいの端を口でくわえて〝キーッ〟と裂いて、さっさと手で撚《よ》って直す場面、時代劇などで見たことはありませんか。ケガした時にも使えますね。

風呂敷もそうです。朝、登園のとき、おにぎりなど風呂敷に包んで背中に背負って来た子、結び目がほどけなかったようで、ずっとそのまま遊んでいる子もいました。邪魔にはならなかったようです。あったかかったのかな?

子どもたちはまだまだ〝結ぶ〟ことができない子がいますが、今回、風呂敷の〝便利さ〟を再発見しました。こんなことを考えています。絵本袋、靴袋の代わりに風呂敷にすることです。毎日風呂敷を使っていれば、もう少し結ぶことに慣れるかもしれません。できない子もいるかもしれませんが、なんとか考えていきましょう。幼稚園のオリジナルの風呂敷を作ることも計画中です。

江戸時代、派手なものはご法度《はっと》の時もあったようで、庶民は着物の裏地や半衿《はんえり》などに凝ったり、風呂敷や手ぬぐいを粋に工夫して楽しんだのでしょう。

江戸時代は鎖国をしていたこともあり、国内の資源を何から何まで〝無駄なく〟最後まで使っていたようです。〝灰〟を売り買いする灰屋さん、とけ落ちたロウソクを集める商売、糞尿《ふんにょう》の売り買い、紙くず屋さん、なべ・かまの穴をふさぐ鋳掛《いかけ》屋さん、着物の染め直しもする紺屋《こんや》さん（これはまだ杉並区・下井草界隈にもあります）。そのなかのひとつが、稲作文明の中のワラとモミガラの扱いです。

毎年やっている縄綯《なわな》いを少し早めてこの週にやり、子どもたちには〝ワラ〟をどんなふうに生活の中で利用していたかを伝えました。ワラで蓑《みの》というレインコートのようなものを作ったことを伝えるのにマリコ先生が会津の母上の実家の蔵から持ってきてくれたものが役立ちましたし、竹の子村で縄を使っていたので、子どもたちもワラのことをいつもより実感できたようです。

〝モミガラ〟は箱にたくさん入れてリンゴや卵が傷まないようにしたり、お人形や枕の中にも入れていたように思います。今ではビニールのパッキングにとってかわられてしまいました。

それにしても生活が変わると、〝撚《よ》る〟ことも〝綯《な》う〟こともなくなり、死語になってしまう言葉や文句がたくさんあることに気づかされました。やがて、結ぶこと、捩《ねじ》ることも危なくなりそうです。生活が便利になると、こうしてひとつひとつ〝退化〟が忍び寄ってくるのですね。こわいです。

縄綯《な》いのとき、ワラを柔らかくするため、口に水を含んで〝プーッ〟と霧を吹きかけるのですが、よだれのように口から垂れてしまったりしてうまくできません。しかし、Mくんがとても上手にできたのにはびっくりでした。スチームアイロンがなかったころ、〝霧吹き〟を持ってくるのが面倒だったのか、大人はとても上手に口から霧を吹いていました。張り上がった障子にも口に水を含んで霧を吹きかけていました。口も手も足も道具の原点ですね。

〝江戸週間〟が明けた月曜日、二人の年少組の女の子がやってきて、

「ヨシコ先生、お願いがあります。江戸時代またやってください！」

「どうして？」

「着物着られるから」

「ハイハイ、今年度内に様子をみて……」と思っています。

それにしても、私たち、おにぎりだけだと、夕方近くになると無性にお腹が空きました。子どもたちも同じだったと思います。だから〝お八つ〟があったのでしょうか。〝腹七分目〟がいいようです。

そしてこの週間、小さなトラブルは多少あったとは思いますが、冷やしタオルやマキロンの出番はほんの数回でした。子どもたちは元気で落ち着いていました。まだあの時の空気が漂っているように思います。どうぞこのままで！

このできごと、早々と天国に出かけてしまわれた江戸風俗研究家の杉浦日向子《すぎうらひなこ》さん*に、「見てましたかー」と叫びたいです。そして、この週間を盛り上げ、子どもたちを楽しませてくださったおねえさま、おばさま、極道の方、武家の奥方、元遊女の方、駕籠かきのおっさん、いろいろな方、

「今ごろどこでどうしていますか〜。またいらっしゃいよ〜」

江戸時代は〝封建社会〟ではありましたが、合理的で豊かな時代でもあったのかもしれません。

追記：子どもたちのアンコールに応え、三月に三日間だけの江戸時代をしました。あいにく二日目は遠足。「どうするんですか？」と母たち。「だいじょうぶ。行く先は江戸東京たてもの園ですから！」……。着物に風呂敷包みで行きました。三日目は誕生会。三月生まれの子どもたちを祝う会です。「誕生会のくだものはイチゴ？」「江戸時代、イチゴあったかなー」「なかったようですよ」「じゃ、ペリーが黒船でもってきたことにすればいい！」。鎖国中の幼稚園に向かって、母たち扮するペリーたちは「オープン・ザ・ゲイト！」……。そもそも江戸時代には、誕生日を祝う風習はなかったようです。数え年で一月一日がくればみな年をとりました。「それでは三月の誕生会はなし！」。それじゃあんまりなので、とっておきの誕生会をしました。

＊杉浦日向子：本名・鈴木順子。日本橋の呉服屋に生まれる。二二歳のとき、雑誌『ガロ』（一九八〇年十一月号）に吉原を題材にした『通言室之梅』（つうげんむろのうめ）で漫画家としてデビュー。時代考証が確かで、その作風は「文芸漫画」と称された。一九五八〜二〇〇五。

感触の記憶

オオタケさん、畑のキバナコスモスのとがった種を見て、

「いい種!」……。

その日は晩秋の日差しが種をより美しく見せていました。きっとこの種を見た瞬間、この種から花を咲かせたいという思いとともに、手のひらに〝カリッ〟とこぼれるこの種の感触も思い浮かべたのかもしれません。畑に行く前も、オオタケさんはルコウソウの種を集めてくれていました。

だいぶ前のことになりますが、二人の卒園生の女の子のことを思い出しました。やはり秋のことだったと思います。小学校高学年か中学生になった卒園生である二人は久しぶりに園に来て、キバナコスモスの前で楽しそうに笑っていました。

「これ触るとカリッというのよね」……。

二人はよくこの種を集めていました。そのことを楽しそうに思い出していたらしいのです。それにどんなことでも笑ってしまう年ごろだったのかもしれません。

園庭には〝感触〟がたくさんあります。今は「落ち葉」……。〝カサコソ〟と落ち葉踏む音、風に吹かれて舞い散る音の感触、水分の関係か一枚一枚違った手触り、手の中で〝パリパリッ〟と割れる乾き切った葉……。

そういう「感触の記憶」は何になるのだろうと、ずいぶん長いこと心の隅に引っかかっていました。まだ答えはありませんが、少なくともこのことは人生を少しばかり楽しく過ごすための力にもなるのではないか。オオタケさんのひと言からそんなことを考えました。

そして、二〇〇六年（平成一八年）一月四日付「毎日新聞」に、橋本治《はしもとおさむ》さんと養老《ようろう》孟司《たけし》さんの紙上『新春対談』（上）が掲載されていたことも思い出しました。

橋本　六〇年代はテレビが当たり前になった時代。テレビはいけませんよ。葉っぱからしずくがしたたるどんなリアルな映像を見ても、襟首に入ってヒヤッとする感じを学習しないと何の意味もない。

――そういう感覚的世界が失われたのがこの何十年だったと。

養老　私はそう思うね。

橋本　失われたのではなく重要だということに気がつかないで、捨てていった。

迷い、考える

Mちゃんが手の中の木の実か何かを見つめ、

「こんなに持ってきちゃいけない。使うだけにしておこう」

と言って、元の場所に戻しに行きました。

その数日後、Mちゃん、瑠璃《るり》色の立派なリュウノヒゲの実を手のひらに乗せて、

「四〇個ある」と言って持ってきました。たくさん集めたので、今度は手放したくないようです。担任からも、「そんなにいっぱいいけないよ、ほかの人のことも考えて」と言われたのですが、自分のものにしたいようでした。

「年長」の今ごろは、ようやく育った多少の〝自制心〟と、いいものはやはり〝ひとり占め〟したいという気持ちの間で揺れ動いている子も多いかもしれない……。そ

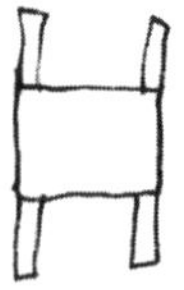
①

②

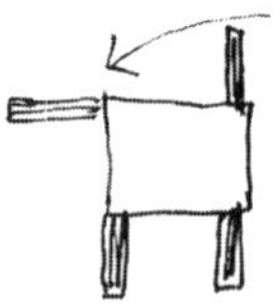
③

う思いました。でもコソコソしないで、堂々とみんなに見せて自分の気持ちを口にしているところが「いいな」と思いました。

先日こんなことがありました。絵の中で、子どもたちの発達について知りたくて、「テーブル」の絵を年少組・年中組・年長組の全員に描いてもらったところ、『年少』と『年長』の間には大きな発達の差が見られ、『年中』は同じクラスの中で年少に近い子、年長に近い子、いろいろでした。

ちょうど、どんぐり組に居合わせたとき、子どもたちの声が聞こえてきました。

「これ（①）は×で、こう（②）描けばいいの」

こう（③）描いた子に、

「ここにも脚がないと倒れちゃうんじゃない？」

と言うと、となりにいた子が、

「ここ（④）にも脚を描けばいい」

と言って、脚一本を加えました（⑤）。

すると、描いてもらった子は、これじゃ脚が多すぎると思ったのか、困っていました。しかし、一緒に考えてあげたHくんの成長に思いがいきました。

また⑥のように描いてから、これは失敗と思ったか、⑦のように描き直した子、⑦の絵で青く塗ったテーブルの中に一本の脚が描かれていたのは、見えないけれどこの部分に「脚があるはずだ」と思って描いたのかもしれません。

⑥から⑦へと二枚の絵の間に大きな変化があったのは、この日、テーブルを描いたことが〝モノの形〟、そしてその〝表現の仕方〟について少し考えるきっかけになったのかもしれません。

またテーブルの脚よりもテーブルの板の厚さを大きく描いている子に、

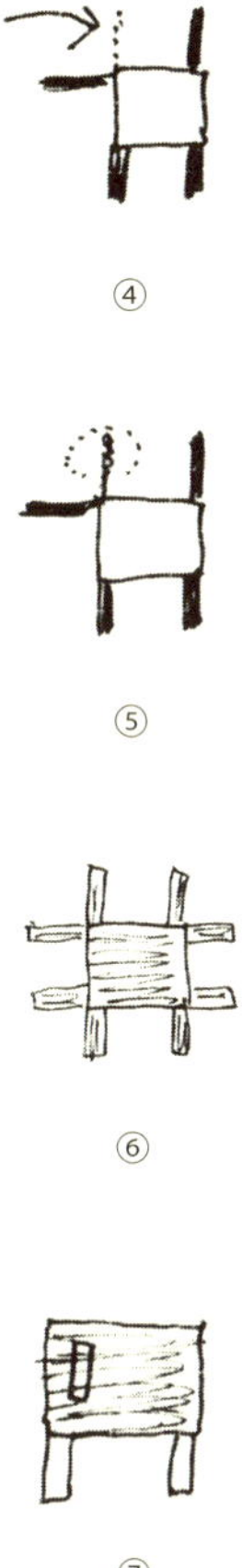

④　⑤　⑥　⑦

⑧

⑨

⑩

⑪

⑫

「テーブルの脚のほうが長いよねー」

と言うと、しばらく考えてから、

「ウフン」

と笑って〝ごまかす〟子もいました。子どもは印象の強いモノを大きく描くので当然なのですが……。

きのこ組にも、テーブルの四本の脚を描くのにいろいろ考えている子がいました。⑧から⑫まで、横から見たところ、上から見たところで、自分が描きやすい方向から描いたわけです。テーブルには脚が四本あるということは知っているのですが、それが全部見えるときもあるし、見えないときもある。三次元を二次元に表現するということは、本当に大変です。

どんぐり組の担任によると、自分の描いたものについて言葉で説明する子や、遠近について話す子が何人かいたそうです。

「前にあると大きいでしょ。それを持って遠くへ行くと小さく見えるの。そういうもんなの。りんごがあるとしてさ……」（四本の脚の長さを聞かれて）

「こっちは上から見たとこ。こっちは横から見たとこにしといて」

「遠くにいくと後ろの脚も見えるでしょ。だから脚は四本。近くでは後ろの脚は見えないでしょ。だから二本……」（あちこちからテーブルを眺めて）

モノを表現するのは難しい。とくに立体という〝三次元〟の世界を〝平面〟という二次元に表すのは、子どもにとっても、大人にとっても難しい。知っていることを描く時代から写実的に見たように描こうとする時代へ。そのことを意識しはじめた子どもたち……。けれどテーブルの描き方の答えはまだ見つかっていません。

はじめに書いた揺れ動いている子どものことと、モノの表現のなかで迷っている子どものことが〝こころの成長〟というなかで、何か共通するものがあるように思いました。

また年中のMくんは、

「テーブルを描こう」

と言われると、

「ハサミがないとテーブルはできない」

と言って、迷わずハサミを取りに行ったということです。

Mくんにとって、立体であるテーブルを〝平面に描く〟ということがピンとこなかったのだと思います。絵を描く（絵にすること）とは子どもにとって「どういうことなのか」考えさせられる出来事でした。

小さな出来事、小さなつぶやきの中に、子どもの世界が視えてきます。

いいシャベルだね〜

「ヨシコ先生のシャベル、いいシャベルだね〜」

「どうして?」

「先がとがってて細いから土がよく掘れるの」

「あたしたちのは先が丸いし幅が広いんだもん、掘りにくい」

この子たちよくシャベルを使っていたから、自分の手にする道具(ときには棒や石)の目的別の使いやすさの〝善し悪し〟を知っているのだと思いました。

以前にも、砂場で使うオタマやフライガエシの中になぜか人気があり、よく取り合いになるものがありました。三歳児ですら取り合っていました。わたしも手にしてみたら、たしかに砂がとてもすくいやすかった。

道具をたくさん使う経験を通して、その形を見ただけで、〝これは使いやすそうだ〟とか〝使いにくそうだ〟とかの勘《カン》のようなものが身に付いていくのだと思います。その前に、目的というものがなければなりませんが……。

「使いやすそうなシャベル」……。

こんなところに関心を示す子どもの出現にうれしくなりました。

「〈触ってわかる〉から〈見ただけでわかる〉ようになるんだよ」……。

これはすでに故人になってしまわれましたが、その存在が大きかった小関利雄先生（美術教育家。横浜国立大学ののち、逗子かぐのみ幼稚園）が遺した言葉のひとつです。

園の中でいろいろなことを体験し、一人前の子どもに育って欲しいと思います。

スノードロップ

毎朝少しずつ庭の手入れをしています。なかでもスノードロップは手がかかります。花のついている茎や葉が広がって地面に倒れていたり、咲き終えてしおれた花がついているのは見た目にも美しくないし、花殻をつけておくと球根のためにもよくないので摘み取っています。

花が咲き終わった茎は根元から引きちぎるのですが、力の入れ具合で途中で切れてしまうことがあるので、コツがいりますが、茎が〝ポキッ〟という音とともに、うまく根元から抜けた瞬間、気持ちが〝スカッ〟とします。

花殻は親指と人差し指を使ってちぎります。この作業をしていると、手に受ける草の感触が気持ちいいし、手を入れたあとのスノードロップの群れのスッキリとした様子を見るのはいいものです。

最近の子どもたちの水道の蛇口をひねる手が何だかおぼつかなく感じられ、どうしたものかと思っていたが、〝ひねる〟という動作ができるようになるには〝つまんだり、ちぎったり〟する経験をたっぷりとしなければできないのではないかと、スノードロップの手入れをしていて思いました。

昭和二十年代に子ども時代を過ごしたわたしの年代の者たちは、ずいぶんと指先を使っていたように思います。わたしもクローバーの花やツクシ、グミやイチゴをつぶれないように摘んで食べたり、サヤエンドウやフキの筋《すじ》をとったりしていました。どの行為もそれぞれに指先の使い方が微妙に違います。今とは「環境も生活も違っていたなあ」と思うことしきりです。強風や雨で花が飛び散っていてがっかりする朝もありますが、明日は草花や木々たちがどんな表情で迎えてくれるか楽しみでもあります。そろそろ、スノードロップの花の季節も終わりになります。

見分ける力

ハコベとミミナグサ、ヨモギとキク、クローバーとカタバミ、ミョウガとハナミョウガ、シロツメクサとアカツメクサの葉の違い……。子どもたちは一度教えられると、あまり間違うことはないようですが、大人には難しいのかなと思うときがあります。

先日も、きのこ組の子どもたちが、間違うことなくアップルバームの葉を摘んでくれました。この葉が見分けやすかったせいもあるかもしれませんが。

子どもたちは、引っ張ってみて茎の中に切れにくい筋があるのがハコベで、これはニワトリやウサギが好きであるとか、酸っぱいのがカタバミで、これはおいしいとか、ノゲシやタンポポなど、ちぎるとベトベトとした白い汁が出る草があって、これはウサギがよく食べるとか、そのほか草笛に使ったりなど、何か自分の興味のある目的をもって摘んでいるので、〝見分ける力〟が育つのかもしれません。草笛などに使う葉やタンポポの茎は、見ただけでも「これは音がよく出そうだ」と思われるものが見つかることがあります。植物との遊びの大切さを思います。

大人は子どもたちと少し違うようです。葉脈がどうなっているとか、葉のつき方がどうだとか、葉の裏の色がどうだとか、茎の色が何色だとか、いろいろなところを調べて、それでもなかなか見分けることができない方も多いものです。

しかし、子どもたちは第一印象や、何となくそれっぽいとか、こうだからとか、何か〝別の感覚〟を使っているように思います。そこには、何にでも手を出すという〝好奇心〟の力もあるでしょう。幼少のこの時代はもしかすると、草花のほんの少しの違いなど、直感的に見分ける感覚のようなものが育つ時期なのかもしれません。その時を逃すと、大きくなってからでは相当の努力がいるようです。

お母さんの中にも、草花と一緒に育ったのでしょうか、サッと見分けられる方もたくさんいるようです。味についても、音についても、色についても、幼い時に育つものがあるように思います。

堰の合理性

雨あがりの朝の園庭は、発見がたくさんあります。

ムクロジ（無患子）の散りこぼれた細かな花が集まって、ゆるやかなカーブのある堰《せき》を作り、そこに水がたまっていた。たまった水は、土を堰に沈めほんの少しずつ少しずつ隙間から流れ出していているようです。そのままゆっくりと地面にしみこんでいく水もあるようです。

また、ムクロジの木の下に、刈ったりむしったりした草を置いて作った小さな山のおかげで、庭の東側に降った雨は、〝ドーッ〟と流れていかずに、この山で両側に分かれて二つの流れとなって蛇行してスピードを落として流れるようになりました。スピードがつくと、土までいっしょに流してしまうのです。水には力があります。

レンギョウ（連翹）の根元の周囲の土が流れないように根元の草むらの周囲に枯れ葉などを寄せたところ、葉がここでも堰のようになって水をため、レンギョウの根はゆっくりとここにたまった水を飲んでいるようです。

サクランボの木のあたりに降った雨水も、夏ミカンの木の下の排水溝へと流れ込んでいきます。この場所の土が比較的落ち着いているのは、周辺に草を植えたりなどしていろいろ試みてきたからかもしれません。

たとえば、リュウノヒゲやイグサなどの踏まれても強い草を点々と分けて植えました。すると雨水は、その草の根元に流れてきた土を沈め、草をよけながら蛇行してやはりスピードをゆるめて流れるようになりました。つい先日も、この排水溝の近くに、大量の枯れ草を子どもたちに敷きつめてもらいました。子どもたちがそこを踏むと草はあちこちに散らばってしまうのですが、子どもたちは元の場所に戻しています。その結果、雨水は排水溝にドーッと流れ込まず、敷かれた草の茎と茎の間に小さな〝田んぼ〟のようにたまっていました。

見まわすと、枯れ草はみずから自然の〝堰《せき》〟を、小石や青草と協力してあちこちにつくっていました。その水は澄んでいて、なめてみると少し甘く感じられました。ゆっくりといくつかの堰を通って、土や小さなゴミが漉《こ》されたのでしょう。

園庭は、東側から西側へとわずかながら傾斜があるので、雨が降ると雨水は園庭の中でいちばん低くなっている夏ミカンの木の下の排水溝の方向に流れていきます。そのとき、水にスピードがつくと土も一緒に流されてしまうのです。何も手を打たないと土はどんどん流されて、大変なことになってしまいます。

そのため手入れには、園庭の雨水をゆっくりと流すことや、表面排水を大切にすることに気をつけています。その具体策として、草むらをあちこちにつくること、雨水の流れを蛇行させること、堰をつくること……。雨上がりには自然の堰があちこちにできています。たった一本の細い草や一本の棒も小石も、小さな小さな堰としてどこかで大切な役割をしています。

泥水のまま排水すると川や海を汚すことにもなりますので、きれいに漉《こ》して排水溝に流したいですし、表面排水で地面の下にしみこませ、木の根や草の根においしく飲んでもらいたいものです。

こうしてゆっくりと水が流れ、いい状態の水たまりができ、その水が澄んでいたのはいろいろな人の手の日々の小さな仕事の積み重ねのたまものでしょう。

昨年のどんぐり組のセンダンの木の下の〝仕事〟を引き継いだ子どもたち。〝桃山〟の手入れをしたり、草や枯れ葉をまいたり、石を並べたり、草を植えたり、草を切ったり、枝を置いたり、種をまいたり……。

雨上がりの朝の庭、それは水たまりの好きな子どもたちの遊び場でもあり、地形についても学ぶ場でもある。

追記：先日、上高地を歩いてきた。六月はじめの上高地はまだ新緑がまぶしく、ニリンソウ（二輪草）が一面に咲き、草むらにはムラサキやキイロの小さな花が咲いていました。以前にくらべ、田代池はだいぶ小さくなり、乾燥が進んだのかなと思いました。しかし、自然は自分の力で倒木や枯れ枝、石、落葉などで、土が流れてしまうのを止めたり、湿地などを守ったりしているようでした。ここにも園の庭と重なるものがあると思いました。

引きずるな

年長組の子たちが庭の手入れをしていたとき、重いプランターが持ち上げられず、

「上持つな、下持て」

「○○はそっち持て」

などと頑張っていました。その集団の中から、

「引きずるな、穴があくぞ。持ち上げろ！」

という声が聞こえてきました。

「引きずると穴があく」……!?。プランターは少し引きずったくらいでは穴はあきませんが、「ものは引きずるな」と大人から言われているのではないか。もしかしたら、紙袋か何かを引きずって破れたことがあるとか、この子の経験からの言葉かもしれま

せん。

園の環境の中での〝暮らし〟が保育の柱となっています。ずっと先に視点を置くと、それがいいのではないかと思います。林業の方など職人さんの仕事を見たり、時にはできることがあれば手伝ったり、お母さんと一緒に庭や竹の子村、畑の手入れをしたりすることもその一部です。いま、年長組の子どもたちの仕事のひとつは、夏の強い日差しから地面が〝砂漠化〟しないように守ることです。

このような生活の中では、見つけること、気づくこと、自分がしていることにおもしろさを感じ、その意味を知ることも必要になります。自然とそうなっていくと言えるかもしれません。

大きなものを協力して運ぶことも大事な仕事となります。とくに細かな枯れ枝のついた木や竹を運ぶときは気をつけなければなりません。そして、木の向きにも気をつけなければ危ない。どうしてなのかは木が教えてくれます。大きな箱は下を持つとよいことに気づいていない子もまだ多いようです。

このときね〜

写真を大きく伸ばしてみると、小さなことがたくさんわかってきます。

ここにMくんが大きなお芋をじっと見ている写真があります。これまで自分が掘り出したお芋を見ているのかと思っていましたが、Mくんが見ているのは、じつはお芋についた白い小さな〝虫〟でした。

そのとなりにはRちゃんが、お芋の葉っぱをこすって緑色を出している姿が写っています。Rちゃんによると、葉っぱに水をつけるともっとよく色が出ることをこのとき発見したそうです。

「畑に水たまりあったかなー」と思っていたら、グラウンドの水道のところへ行って、「濡らしてきた」ということでした。

Rちゃんが葉っぱに水をつけたことは、たぶん近くの水たまりか何かに葉っぱが落ちて偶然に濡れたのではなく、おそらく「濡らしてみたらどうだろう」という、自分の意志が働いてのことだったでしょう。

もしかしたらそれ以前にも、花びらなど水につけた経験があるのかもしれません。一年前のことなのに、Rちゃんはこの時のことをよく覚えていました。Rちゃんにとって、水をつけたときに緑色がよく出た瞬間は強烈な印象だったに違いありません。

「このときね～」……。

〝そのとき〟のことを写真を見ながら思い出せる子はもっといるはずです。

すでに二〇歳を過ぎた卒園生とそのお母さんが、Rちゃんの写真を見ながら楽しそうに話していました。

母：「これおもしろい、おもしろい」

子：「わたしも幼稚園のときやった、やった。わたしは水道のコンクリートのところでやった」……。

子どもたちは、大人の気づかないところでいろいろやっているものです。それが子どもたちが本当にやりたいことなのかもしれません。

うんどう会

「なかせ幼稚園の運動会はおもしろい」……。

参加してくださった方々、応援してくださった方々がよく言う言葉です。

「みんなが何らかの形で参加できるから」

「プログラムの内容がおもしろいから」……。

それもあるでしょう。

「なかせリクリエーション大会」のプログラムを思い出してください。リレー、玉入れ、綱引き、タイヤとり、ラグビー、皆で布を裂いて結んで長くしたり……。

そこには、走る、投げる、ひろう、引っ張る、運ぶ、裂く、結ぶ、切る……といった、ひとつひとつの動作にポイントを絞っているので、子どもたちにもわかりやすく、見ている方にもわかりやすいので楽しめるのだと思います。そしてこの動作は本能的なものであり、私たちが生活するうえでできなくてはならない〝基本的〟な、〝シンプル〟な動きです。

まだあります。取り合う、奪い取る、奪い返す……。シンプルで、誰でもすぐできることばかりです。

でも、誰にでもすぐできるものはあんがい難しいものです。今までの過ごし方が〝ものをいう〟ということもあるでしょう。単なる綱の引っ張りっこも、勝つためには腰を低くするとか、すべらないように手に〝ペッペッ〟とツバをつけるとかそれなりに〝コツ〟があります。

布を「裂く」ことでも、裂くコツがあります。そういえば、裂くことなどあまりしなくなりました。撚《よ》ることも、綯《な》うことも、挿《す》げる（さしこむ、はめこむ）ことも……。

「ひろう」ことは生きるための基本です。枯れ枝ひろい、ドングリひろい、ゴミひろい……。中腰になったり、立ったり、しゃがんだりの動作です。草花の手入れもそうです。

「引っ張る」は、台風のとき倒れたミモザを引っ張ったりする動作。

「運ぶ」は、雨の前に大きな枝を手にして園庭に並べたり、また山に積んで元に戻したりする動作です。園の中にはそういう仕事、場所、遊びはたくさんあります。竹の子村の枝の道、桃山、クズのトンネルは背を低くして歩けば、こうした動作の意味がすぐにわかります。

「結ぶ」ことがどんぐり組の中で〝遊び〟として大きくふくらんだことがありました。結ぶことが得意だった子どもたちは、担任がうっかりしていると、左と右の靴のヒモをしっかり結んでしまったり、わたしも、机の引き出しが開けられないようにヒモでがんじがらめにされてしまいました。遊びだったのですが……。

日ごろの保育は、見ていただくために練習したり、見ていただくために描いたり作ったりするなど、その出来栄えを見せるためのものではいけないとお話していますが、本当に見ていただきたい、知っていただきたいのは、子どもたちの真剣な表情、うれしそうな表情、工夫している姿、そして子どもたちの世界で起こるドラマです。シンプルであると、工夫することやドラマが生まれてくるように思います。保育の内容も同じです。

「うんどう会」は初めからこのような形ではありませんでした。そして「保育」の形もこのような形ではありませんでした。いろいろな試行錯誤を繰り返し、ようやくこのような形になったのです。

それにしても、昨今の子どもたちの体力の衰え（？）が気になります。塀の上を歩いていたり、乗り越えたり、屋根の上に上ってしまったり、こんなことされたら困るのですが、以前はときどきありました。段ボールをちぎる手の力も強かったように思います。たき火のときなどよく破ってくれました。

私たち食べ過ぎ？

人間は食べるため、食べものを得るために動くのだと、以前聞いたことがあります。人間の動きのすべてがそうであるわけではありませんが、根本のところはそうだと思います。

ほかの生きものも同じです。カマキリは小さな虫を捕らえるため、保護色の中に、そしてコスモスの花の陰に潜み、蜜《みつ》をとりにきたハチを上手に捕らえていました。ネコの〝ダブル〟はネズミなどつかまえるために爪を研ぎ、小さな虫を追いかけて自分のからだが衰えないようにトレーニングに励んでいます。

『はらぺこ週間』のとき、子どもたちは食べるためによく動きました。年長児や年中児は、お弁当を持ってきてなかったので、収穫したさつま芋など料理しなければなりませんでした。ですからよく動いたのでお腹がすき、口にするものが余計においしかったのかもしれません。

土の中でしっかりと育ってきた植物たちの味はお腹に滲《し》み、そのおいしさを再確認しました。お芋とその葉の茎（葉柄）、セリ、ニラ、ノビル、ハルジオンの柔らかな葉……。これを食べられると知っていても、いつもなら誰も積極的には食べようとはしないのですが。

たき火のあとの〝熾火《おきび》〟で焼いたお餅、ハルジオンの葉がたっぷりと入ったすいとん汁。これには誰かが「最高の味」と言ってくれました。子どもたちはすいとん汁の素朴な味が新鮮であったのか、ガツガツ食べてくれました。「空腹こそ最高の味付け」かもしれません。

子どもたち、どれもおいしかったのか、食べ過ぎの子もいたようです。Hくんは、

「これじゃはらぺこ週間じゃなくて、食べ過ぎ週間だよ」

と言っていました。

空腹であると頭も少しは冴えるようですし、緊張感も保たれるし、からだも動きます。大人にも子どもにもそういうことが言えそうです。空腹も度を過ぎなければ心地

よいものです。私たちは「食べ過ぎ」ではないかと思いました。

竹の子村遊びのとき、わたしが竹と竹の間にはさまってしまいました。

原因は胸ではなく、

「お腹ですね」

とアミ先生。

子どもたちはわたしを助けようとして、両側からギュウギュウと押してくれたので、なかなか抜け出ることができませんでした。わたしはもう少し「腹ぺこの日」を作っていかねばと思います。

報道によると、日本では年間「八〇〇万トン」の食品ロスがあり、半分の四〇〇万トンは流通の関係で賞味期限切れなど、つまり消費者の手に渡る前に廃棄され、残りの四〇〇万トンは家庭で廃棄されるとのことです。

わが国の食料自給率が四〇パーセントを切ってしまったということです。本当に「腹ぺこの日」が現実になってしまったら大変です。

ぼくの手、踏んでもいいよ

「ぼくの手、踏んでもいいよ」……。

クルミの木に登っていた子どもたちの誰かが言った言葉です。いつもであれば、「オレの足、踏むなよ」とか、誰かが自分の足を踏んだとか踏まないとかでケンカになるのにです。

「こんな高い所にいるので安全第一、手を踏むかどうかなど、どうでもいい」……。おそらく、そのような気持ちから出た言葉だと思います。緊急の時は、何が優先されたほうがいいのかわかっているのです。自分よりも上に登っている子に向かって言ったようです。

友だち関係がからんだ遊びや仕事の中で、子どもたちが口にするひと言から、目には見えないけれど、子どもたちの〝確かな成長〟を思うことがあります。

追記：子どもたちが、ずっしりと重い長方形の板を四人で運んでいたときのことです。少し先には細い通路があるので、横にしたのでは通れないと思い「それ、タテにしたほうがいいんじゃない？」とひと声かけましたが、横向きでもギリギリ通ることができました。今までの経験からとっさに判断して通れるんじゃないかと思ったのですね。〝勘〟と、〝自分はこう思うよ〟という自分の考えが育ってきているこことかなと思いました。

草にも意志がある⁉

春は土から、そして空からやって来るといいます。確かに、一月二〇日ころの朝の日差しから、わたしは〝春〟を感じ始めました。

春は上昇気流が起こるらしく、たき火をしていると風の方向がとても気になります。方向の定まらない風や、つむじ風を感じる日がそろそろ出てきました。

ある日突然に春になるわけではなく、少しずつ少しずつ、「あれっ！」と気づくことがあって、冬から春へとすべてのものが移り変わっていくのではないかと思います。

枯れ草を切っていると、それぞれの植物の〝感触〟が微妙に違うことに気づきます。ハサミを使わなければならないものもあるし、引っ張らなければならないものもあります。カラカラに乾いて、ちょっと力を入れただけで、手の中で簡単に折れてしまう細い茎の感触はなんとも言えず、気持ちがよいものです。

　枯れ草の下ではすでにノコンギクやハルジオンなどの春の草が、まだ小さいけれど力強く根を張っています。この小さな草たちを守るかのように、モントフリージアなどの柔らかな枯れ草がヴェールのように〝フワーッ〟とかかっています。この様子を見つけると、草たちに〝意志〟があるように思えてなりません。

　春のきれいな草むらを作るには冬の間の手入れが必要です。秋の草むらを作るにも夏の手入れが必要です。枯れ草をすっかり切ってしまうと、まだ小さな草は寒さにやられてしまうし、子どもたちが小さな草の芽を踏みつけてしまうことがあります。全部切ってしまうと風景が寒々しくなってしまいます。

　マニュアル通りにいかない植物との付き合いの中で、〈触覚から視覚へ〉いろいろな感覚を体験しているようでもあります。

　庭の真ん中の枯れたガマ（蒲）の根元では、泥の中にもう新しい芽が角《つの》ぐんでいます。それに昨日は、春のような気温で飛び出したのではないかと思われる〝ガ〟たちが夕方の寒さに驚き、少しでも温かい所を求めたのか、灯りのついた職員室の窓に何匹も小さな羽虫たちと一緒になんとか中に入ろうとしていました。ですが、虫たちには野鳥と同じように「ガラス」というものがわかりません。だから〝ぶつかる〟というかわいそうなことが起こるのです。

春は少しずつ、少しずつやってきます。その一瞬一瞬の現象を見逃したくないものです。

縄綯い

小さな田んぼでのお米づくりから始まって、新年になってから縄綯《なわな》いをしました。このあと、布でも作れることを知った子どもたちは、今でも毎日のように布でヒモなどを作っています。

「縄綯《な》い」は二本の布を手にし、手のひら（掌）で二本を同時に両手で転がしながら縒《よ》り（撚《よ》り）をかけ、この二本を絡み合わせていく作業です。

子どもたちにこれを教えています。

それぞれ二本の布は別々に縒《よ》れるのですが、二本を絡み合わすことは難しい作業です。しかし単に二本の布がきれいな紐《ひも》になっていくのがおもしろいので、少し難しいことに挑戦していきたい年長児たちの今には、ピッタリだったのでしょう。みな、よくやっています。

わたしもはじめはできなかったのですが、二〇年ほど前、はじめてできるようになりました。一度〝コツ〟がつかめると、あとは長い間やらなくても何とかなります。自転車に乗ることと同じですね。縄になるまで手のひらを真っ赤にして、半日くらいかかったと思います。

縄を綯うには手を働かせることももちろんですが、足の力も関係します。足の指ではさんでしっかり押さえないとできません。だからできない子には、「こう座ってごらん」と言って、お尻をペタンとつけない座り方を伝えると、できるようになる子がいます。やはり足腰の力は大切です。正座も必要なのでしょう。

少しヒモになってくると、「これ、綯《な》う（になってる）？」と聞きにくる子がいます。「綯う」はもう死語になりつつありますが、それはこのような行為をしていないからでしょう。「綯う」という言葉はこの子たちのからだの中に、行為とともに〝ストン〟と入ったと思います。

『表現展』のとき、子どもたちが教える「な・わ・な・いコーナー」をつくりたいと思っています。どのようにしたらよいか、子どもたちとこれから相談しよっと！

削る

年長児たちは、ソフトレンガをいろいろな思いで削っているようです。どんな形に削るかということではなく、ただ〝削る〟ことに夢中になっている子、小さな穴をたくさんあけたり、その穴をつなげている子、小さなカケラをたくさんつくる子、ひたすら削って粉にしてしまう子……。もちろん〝こんな形を〟とイメージしている子もいると思います。

深い穴の奥にたまった粉を、マイナスドライバーの先に〝そーっ〟と乗せて取り出す快感……。プラスとマイナスのドライバー、はじめはプラスを使っていたようですが、〝削る〟になるとマイナスのほうが断然使いやすい。しかも、家から持ってきたものだから、大きさもマチマチです。お互い目的に合わせ、使い勝手を見定めて貸し借りをするので、それがとてもいいのです。

包丁だったらよく削れると思いましたが、包丁は子どもにとって、〝切る〟道具であって、削る道具ではありませんでした。包丁を削る道具と考えるのは、包丁を使いこなしている大人の考えであって、まだまだドライバーで十分でした。子どもたちは、こうして少しずつ道具を使いこなしていくのでしょう。

子どもが言っていました。「こうやって力を入れて削って、割れなかった時がおもしろい」……。こうして自分の力を調整することを覚えていくのでしょう。

子どもたちは、削ることでそのプロセスを遊び、試しているのです。もしかしたら、子どもには「プロセス」という言葉はないかもしれません。一瞬一瞬です。だから、レンガのかたまり（塊）が全部〝粉〟となってしまっても、バラバラの小さな〝カケラ〟となってしまっても、それはそれでいいのです。「割れちゃった〜」と泣いたりしない。子どもたちにとって大事なのは、そしておもしろいと思うのは、〝削る〟という行為なのです。

できた〝粉〟を気持ちよさそうに手のひらで伸ばしたり、また水を入れてこねている子もいます。子どもから学ぶことは大きい！

みにくくないじゃない

『みにくいアヒルの子』の大きな絵本を読みました。読み終えてから、

「みにくくないじゃない。キイロとチャイロとシロと」……。

Rちゃんはまだ四歳児、どう言っていいのかわからないようでした。

そこでわたしが、「(アヒルの子が) キイロと (はくちょうの子が) シロという違いだけじゃないということ?」と言うと、

「そうそう」……。

これがRちゃんの言いたいことだったようです。

この話をしていたところ、ナルミ先生が、「オポンドさんが肌の色が違っていても……という話をしてくださったからかもしれませんね」……。

そんな出来事もRちゃんの心のどこかに残っていたのかもしれません。

子どもたちは（大人になっても）誰かの言葉を含めたいろいろな出来事に接し、影響を受けながら内面が変化し、そして〝自分の考え〟というものが育まれていくのだと思います。幼児の時の経験が、時間をかけて〝熟成〟されていくのかもしれません。オモチャに遊ばれすぎていたり、情報が多すぎたり、次から次へと急ぎすぎると一つ一つの出来事が、からだの中に、そして、こころの中に滲み込んでいかないのではと、とても気になります。ゆっくりと対話しながら、〝ていねいに〟ということでしょうか。

自分の中に湧いてきた気持ちを、一生懸命に言葉にしようとするRちゃんの姿に、こんなことを思いました。そして、五〇年近く前につくって、古くて大きなボロボロになってしまった重い絵本……。修理してよかったと思いました。

追記：オポンドさんとは、ケニアの方で、園児の父です。日本人の女性と国際結婚し、旅行会社に勤務されています。子どもたちにケニアの話をしてくださったことがあり、ケニアの人は肌の色は日本人とは違うが赤い血も流れているし、日本人と同じなんだという話をされたことがありました。

塩梅

年長組のAくん。図鑑を片手に、もう片方で持っていた霧吹きを下に置くと、二センチほどに成長したカマキリが二匹入った容器のフタを開けて、ガーゼをめくり、ケースの中に〝シュー ッ、シュー ッ〟と二回、霧をかけました。

一匹の茶色のカマキリは、子どもの手にかかって少し弱っていたためか、霧吹きでできた小さな水たまりに下半身をとられてしまいました。しかし、「ガンバレー、ガンバレー」の声に励まされて、体をくねらせてやっとの思いで、近くの枯れたカラスノエンドウの葉の上に逃げることができました。

「あっ、生き餌《え》が一、二匹しか入ってない！　Kちゃんたち、コンポストにコバエ捕りに行こう！」

生き餌が到着するのが遅かったのか、あとで聞いた話なのですが、水たまりをやっと逃れた新入りのカマキリは、はじめからいたカマキリに〝共食い〟されてしまったとのことです。

弱肉強食の自然界……。これも仕方のないことであり、子どもたちもこの光景をしっかりと目にしてよかったと思います。

「カマキリに霧を吹きかける」……。

これは誰かに教えてもらったのか、または図鑑で知ったのかもしれません。

しかしAくん、霧をかけるとしたら、自分がかけた霧がどうなっていくのかなーって、よく見ていたほうがいいよ。水が多すぎると体の自由がきかず（体がケースにくっついちゃうので）、苦しくなっちゃうかもしれないから！　カマキリがどうなっていくかよく見て、ちょうどよい霧の量にしておこうね。まだ年長のはじめだから仕方ないよね。あのカマキリかわいそうだったけど、今度は気をつけよう。少しずつ知っていこうね。

「塩梅《あんばい》」という言葉があります。塩と梅酢でほどよく味をつけることからこの言葉ができたと言われます。「加減」ということは大人が教えるのは難しいことです。何回も自分で経験した末に身につく〝カン〟(勘)のようなものだと思うからです。

もう二十数年も前のことですが、作家の塩野米松《しおのよねまつ》(一九四七年〜、全国各地の漁師や職人の聞き書きを行ない、伝統文化・技術の記録化に取り組む。『木の教え』、『失われた手仕事の思想』、『大黒柱に刻まれた家族の百年』など)さんと檜皮葺《ひわだぶき》*職人さんとのトークを聞きに行ったことがあります。そのなかで、塩野さんの、

「檜皮《ひわだ》はどのくらいの厚さにするんですか?」

の問いに、職人さんは、

「まあカンだね」……。

場内はほんの一瞬息をのんだように静まり返りましたが、すぐに笑い声に満ちたのでした。

マニュアルに頼るとカンが鈍る——。対象や素材をよく見ること、そして、手にすることが大切です。


*檜皮葺(ひわだぶき)=ヒノキの皮で葺いた屋根。神社の屋根や宮殿に多く見られる。

平和憲法の解釈が変えられた日

これからの日本はどうなっていくのでしょうか。「戦争に巻き込まれることがなければいいが」と心配になります。

五歳児、四歳児、三歳児など、まだ赤ちゃんの匂いが残っている子どもたちの柔らかな手足と澄んだ瞳に出会うと、この子たちの手足が傷つくことのないように、そして幼稚園を巣立っていく子どもたちが理不尽な運命に出会うことのないようにと祈るばかりです。

わたしは敗戦の翌年（一九四六）に生まれました。わたしの生まれた年からは、日本に原爆が落とされたり、直接戦争に参加することもなく七〇年近くが過ぎたわけです。

あの時代、戦争はもうコリゴリということで、世の中が「平和」へと向かっていたのでしょう。小学校、中学校、高校と、「和子」さんという名前の子が、クラスに二、三人はいました。

しかし、昭和二〇年代のその頃、不気味な空気が無かったというわけではありません。四、五歳の頃だったでしょうか。ラジオから流れていた「朝鮮戦争」（一九五〇～一九五三）の慌ただしいニュースは、何となくぼんやりと記憶の中にあります。

また『アサヒグラフ』か何かで、初めて国民に知らされたのであろう『ヒロシマ・ナガサキ』の惨状を知った大人たちのびっくりしたときのこと、あのときはまだわたしは幼く、意味がわかりませんでしたが、「あのときのことがそうだったのか」と気づいたのはずいぶんあとになってからのことです。新藤兼人《しんどうかねと》監督の映画『原爆の子』（一九五二年〈昭和二七年〉公開。主演・乙羽信子）のケロイドなどの映像は、子ども心にも恐ろしく、いまだにトラウマ（心的外傷）になっています。

六四歳で亡くなった父は、夕食のあと、お酒を飲むと母を相手に、兵隊として中国に渡った時のことから始まって、甲府や立川にいた戦争中のことを延々と話していました。嫌なことはあまり話さず、兵舎で飼ってかわいがっていたシェパードの軍用犬のことや、中国のクリーク（小運河）の柳がきれいだったこと、戦友のことなどが中心でしたが、決まって「戦争で犠牲になるのは女と子どもだ」のひと言がありました。戦争に行った者は誰でも口にできないような経験をしてるのでしょう。

戦争は、終戦になったらそこですべてがおしまいということではありません。戦争はおおぜいの人間の運命を狂わせ、そして心身ともに傷つき、その生涯に暗い影を落とすこともあるのです。

電力が足りなかったのか、あのころ停電は珍しくなかったし、昼間は電気が来なかった時間帯もあったかもしれません（これはもっと昔の話かもしれません）。近所の街灯は、朝夕、受け持ちの家がスイッチを入れたり切ったりしていました。そして自衛隊の仕事は、台風の〝復旧作業〟と札幌の〝雪祭り〟と思っていた時がありました。

戦後は物資も乏しく、大人たちはみな、生活をやりくりし、忙しくしていて、遊んでくれたり、話を聞いてくれることも少なかったように思います。

今では遊歩道としてフタをされて暗渠《あんきょ》となってしまった地域の川にはかつて、オタマジャクシ、メダカ、ザリガニ、そしてドジョウもいて、春の麦畑ではヒバリがさえずっていました。雨の日でなければ、子どもたちはいつも夕方まで外遊びでしたから、どこにどんな生きものがいるとか、どんな花が咲いているとか、どこに行けば富士山が見えるとか、だれもがみなよく知っていました。

昭和三〇年代は、安保闘争（日米安全保障条約改定反対の闘争）だったからでしょうか、人々の政治への関心が強かったように思います。デモは毎日どこかで行なわれていましたし、日比谷公会堂から中継される各党の演説を大人たちはよく見ていました。誰々の演説はいいとか……。わが家ではともに民社党の委員長だった春日一幸《かすがいっこう》（一九一〇～一九八九）、佐々木良作（一九一五～二〇〇〇）の演説がいいということになっていました。「そういうものかなー」とわたしは思って聞いておりました。

しかし、今のような棒読みの政治家はいなかったように思います。社会党委員長だった浅沼稲次郎（一八九八～一九六〇）が演説中に右翼の一七歳の少年・山口二矢《やまぐちおとや》（逮捕後、少年鑑別所にて自殺）に刺されたのも、その中継のさ中であったのかもしれません。ヤジはつきものでしたが、婦人運動家の市川房枝（一八九三～一九八一）は負けてはいなかったように思います。

「戦争」と「原発」は、どういう理屈を立てても〝いけない〟とわたしは思います。*第五福竜丸事件をきっかけに起こった「原水爆禁止世界大会」の発祥の地はここ杉並区であり、桃井第五小学校の母たちも何人か活動していました。中央図書館に資料があり、以前公民館でしたが今は体育館になっている場所に碑が建っています。

私たちは、子どもたちが戦争のない世の中で「いい仕事をして欲しい」と願いつつ、毎日保育をしています。ここに書いたことが「余計な心配」になるといいと思います。そして、誰かと誰かがケンカをしても、どちらかに付いて一緒にケンカに参加するのではなく、「ケンカはやめよう、つまらないから」*と宮沢賢治（詩人・童話作家。『銀河鉄道の夜』など。一八九六〜一九三三）のように言いたいものです。

＊第五福竜丸事件　一九五四年（昭和二九）三月一日、南太平洋のビキニ環礁で行なわれたアメリカの水爆実験によって静岡県のマグロ漁船「第五福竜丸」が多量の死の灰を浴び、船員全員が被曝し、同年九月に乗組員、久保山愛吉が死亡した事件。原水爆禁止運動の発端となった。同船は現在、東京湾の夢の島に保存されている。

＊「北に喧嘩や訴訟があれば　つまらないからやめろといい」（雨ニモマケズより）

定点観測

八月末のこと、ゼラニウムにとまるナガサキアゲハをはじめて見ました。南のチョウであるツマグロヒョウモンは、いまではこの辺りでも当たり前のように飛んでいますが、はじめて見る黒とオレンジ色の幼虫にびっくりし、「毒があるのでは」と何匹もつぶして退治したのは、一二年ほど前のことになります。

今年の夏は緑色のコガネムシと、やはり緑色のカメムシが大発生しています。クルミの葉にも虫がつき、葉を茶色に枯らしています。しかし、チャドクガがいません。秋になったら出てくるのでしょうか。

緑色のコガネムシは群れになって、タラの葉、アジサイ、サクラ、ネムの葉も食べています。葉脈は残しているので、食べられた葉はレースのようになっていて風通しはよくなります。「こんなに茂った葉を何とかしてほしい」と神様がコガネムシに頼んだのでしょうか。レイチェル・カーソンの『沈黙の春』のなかに、クラマソウという植物を退治するためコガネムシを使った例が載っていました。

先日滋賀県のマキノ町へ行きましたが、あのあたりの樹林もこちらと同じような状態でした。わたしは都内の片隅で〝定点観測〟をしているようなものです。植物の伸び方も次第に加速度がついてきているようで、ちょうど良い丈のきれいな草むらがなかなか作れません。

日本のあちこちで杉林の下草や木に絡んだクズが大変なことになっています。手入れの人手不足のスキをついて〝熱帯化〟が知らず知らずに、音も立てずに忍び寄っているのでしょう。園庭はその縮図です。

上遠恵子先生のこと

上遠先生ご自身が訳された『センス・オブ・ワンダー』*……。映画化のときはご自身で朗読もされました。その映画の上映会を当園で開いたことをきっかけに、先生とはじめて電話でお話させていただいたのは、もう七、八年前のことになります。

そのとき、先生が話されたことは、子どもの頃、お母様がアオバズクを指笛で呼び寄せたというお話で、ちょうどそのとき、わが家でアオバズクが「ホーホー」と鳴いており、「聞こえますか?」「聞こえる、聞こえる」と、楽しいおしゃべりをさせていただきました。それまでは、先生は〝雲の上の人〟と思っていましたが、少女のような面影を残したお話の仕方に親しみを覚えたことを思い出します。

はじめてお目にかかったのは、ドキュメンタリー映画『風のなかで』の試写会にいらした時です。上映後のトークにも加わって、自然の中で過ごすことの大切さについて話してくださいました。

二〇一四年夏の「保育と表現研究会」では、そのレイチェル・カーソン*が私たちに遺してくれたメッセージともいえる『センス・オブ・ワンダー』の中から、子どもの時は「知る」ことよりも「感じる」ことが大切であること、そして自然体験の中で、小さなひとつひとつの事実に出会って、さまざまな情緒や感受性を育てる時であること、植物にたとえれば、子どもの時は「種子が育つ土を耕す時」であることを強調されました。

また、福島の原発事故による放射性物質による汚染、あるいは殺虫剤による汚染で、現在の環境を汚してしまってよいのだろうか。私たちはまだ生まれていない次の世代に対して「道義的責任」を持たねばならないのではないかと語られました。

そして「秘密保護法」や「集団的自衛権」が認められることになってしまったが、平和で戦争がないことがどんなに大切なことか。私たちはこうした世の中の大きな動きに敏感になり、流されてしまわないようにしなければいけないことなどをご自身の体験から熱っぽく話してくださいました。

カーソンが『沈黙*の春』を世に出したところ、大変な批判にさらされたが、彼女がその批判にたじろぐことはなかったのは、幼いころ自然の中で培われた「いのちがどんなに大切か」という感覚があったからではないかと話す上遠先生とカーソンとが同一人物として溶け合ってしまうようでした。次の世代を育てる私たちは、お二人のメッセージを少しでも引き継いでいきたいものです。

二〇一四年八月、私たちはインタビューのため、田園調布の先生のご自宅を訪ねました。「インタビューは庭で」という私たちの申し出に、

「草ボーボーで蚊がブンブンいますのよ。そんなところでよろしいかしら？」……。お庭は自然のままに、なんと楽しいところなのか。ここは先生の「精神そのものだなあ」と思いました。

庭の真ん中にはお母様の実家から移植されたというソロの大木が、「ここへ登っておいで」と誘うように、太い枝を何本も伸ばし、竹やクサギなど幾種類もの草や木がのびやかに生い茂っていました。池の上にはルリ色のイトトンボやオハグロトンボ、そしてカエル……。「ここはだいじょうぶ」と、安心したようにセミがにぎやかに鳴き、近寄っても逃げていかないことは、不思議でした。

＊センス・オブ・ワンダー：レイチェル・カーソンの遺作、カーソン死後の一九六五年に出版された。邦訳は上遠恵子氏。一九九一年に佑学社から、のち一九九六年に新潮社から出版。レイチェルは毎年、夏の数か月をメーン州の海岸と森で過ごし、その美しい海岸と森を、彼女の姪の息子である幼いロジャーと探索した。その情景とそれら自然にふれたロジャーの反応を詩情豊かな筆致でつづっている。

＊レイチェル・ルイーズ・カーソン：Rachel Louise Carson　アメリカの生物学者・作家。内務省で魚類・野生生物局に務め、一九五二年に退職するまで野生生物とその保護に関する情報収集に当たった。その仕事のかたわら、野生生物の詳細な観察を続け、自然保護を訴えた（一九〇七～一九六四）。

＊『沈黙の春』：レイチェル・カーソンが一九六二年に刊行した著作。ＤＤＴなど有機塩素系農薬の大量空中散布によって野鳥や魚介類等が大きな被害を受けるだけでなく、散布された農薬が農作物や魚介類に残留して人体に取り込まれ、人の健康に悪影響を及ぼす危険性をこの本で初めて警告した。

ボーイン

「ここ、来ないでね」……。

段ボールを敷いて、家にして遊んでいる数人の三歳児の女の子に言われてしまいました。彼女たちはニコニコしていました。「今まで先生に頼っていたけど、やっと自分たちの場所、自分でつくれるようになったからだいじょうぶ」という気持ちだったのではないかと思います。

これは〝自立〟の第一歩だと思います。自立はあるとき突然やってくるものでもなく、時には大人を頼ったり、「もういいよ、できるから」と言ったり、少しずつやってくるものだと思います。

やはり三歳児の子たちが数人で病気（？）の〝パンダ〟（園内にあるプラスチック製の玩具）を何とかしようとしていました。口の中を細い棒でかき回してみたり、

「目がおかしい」

と言って目薬をつけたり、

「ヒフが病気です」

と言って土や砂を塗ったり、熱があるので早く「ボーイン」（病院）へ連れていったほうがいいということになりました。うまい具合に柿の木からの木漏れ日がパンダの額に当たっていて、本当に熱くなっていたのでした。

子どもたちは〝偶然〟を時々とてもうまく利用します。「ケイオーボーイン、、、」がいいそうです。

パンダは「重くて運べない」と言うので、近くにあった手押し車を指して、

「あれ使ったら？」

と言うと、

「小さすぎるよ〜」

と言われてしまいました。なかなか出る言葉じゃありません。やはり段ボール遊び

などして、また生活経験の中で二つの物体の大きさの関係も育ってきているのではないかと思ったのでした。

クルミの葉に虫らしきもの、あるいは虫の〝ウンチ〟（黒っぽいテンテン）がたくさんついて落ちていました。こんなときは、

「これあげる！」……。

すると誰かが、

「ちょうだい、ちょうだい！」

通りかかったのはどんぐり組の子。

その後の様子ですが、担任のフタバ先生によると、男の子たちは、

「ウンチ、ウンチ」

と囃し立て、二人の女の子は手で触ってみて、

「これはかたいからウンチじゃない。ウンチって柔らかいもんでしょ。ときどきは硬いウンチもあるけど」……。

そして、「もしかしたら種かもしれない」と言って、土にまいたとのことでした。

さて、この種どんな芽がでるでしょう。子どもたちは〝手〟で考えています、手の感触を信じています。

マリコ先生と子どもたちが、コンポストのフタを開けて中を見ていたところ、コンポストのフチにナメクジがいました。一匹……。子どもたちは、隙間から入ったのかフタを開けて入ったのか考えていましたが、Sくんは、

「どうやって入ったのかな～?」

と言いながら、ずっとわたしのあとをついてきました。ときに、こんなことが子どもにとって大問題なのです。

「コンポストには底がない」ということ、子どもたちは知っているのでしょうか? いつか開けてみよう。底のほうはどうなっているだろう。いい土ができているだろうか?

何かやっていると、次から次へと「?・?・?」が湧いてくるものです。これは、子どもの時代だけでなく、大人になってもずっと続いていくものだと思います。

ゴミを出さずに知恵を出せ！

「明日は地域のクリーン大作戦（ゴミ拾い）に参加するぞ」……。

そう言って新しい軍手を手にして張り切っている子どもたちに、「明日はこの地域は午前中雨の予報のため、中止にする」と区役所からの電話。翌日は曇天でしたが、気持ちのよい日となり、自主的にゴミ拾いに出かけることにしました。

園を出てからしばらく行くと、ゴミの出し方の悪い所がありました。緑色のゴミ箱にきちんと入れないので、カラスがくわえたのか、破れたビニール袋からゴミがはみ出して、散乱していました。子どもたちはそれを、小さな紙切れも見逃さず拾い集めていました。「子どもたちがこれ見つけなければいい」と正直思いましたが、子どもたちは目ざといものです。

桃五小（杉並区立桃井第五小学校）のとなりの学童の施設には立ち寄るだけのつもりでしたが、ゴミ拾いになってしまいました。排水溝の中に小さなゴミを見つけた子は、重いフタを大人に持ち上げてもらったり、建物裏手のゴミ箱周辺をきれいにしたり、こちらも「すみません」と言いながら、〝拾わせて〟いただきました。

「どうしてここにこんなものがあるんだろう」と思われるものもありました。片方だけでも二キロはありそうな足を鍛えるための靴、大人の下着（男もの）……。公園の隅にはソファのクッションが隠すように捨てられていたり、錆びかかった自転車もありました。これは区役所の方に連絡、片づけていただきました。

それにしてもタバコの吸い殻と破れたビニール袋のなんと多いことでしょう！

誰かが丸めた黒い靴下を見つけると、「あっ！」とナルミ先生。丸まった靴の隙間にたまった湿り気のある土が幸いしたのか、日陰育ちのヒョロッとした、白っぽく、細い草の茎が伸びていました。何の草でしょうか、植物はたくましいです。いま、どんぐり組でどんな草になるか土に植えて見ているようです。

植え込みにからだを突っ込んで、手を伸ばしてペットボトルを〝やっと手に入れる〟子、「ゴミが見つからない」とぼやいている子。

「みんなの後じゃなく、前歩くのよ！」

「あっ、そうか」……。

みんなの後から、拾い残しを得意げに拾う子。拾い方にもいろいろありました。自分で見つけて、手にしたものは、たとえそれが泥がついて汚れた古いペットボトルであっても、子どもにとっては大切な〝宝もの〟なのです。

ゴミを拾うばかりでなく、樹がフェンスに食い込んでいるのを見たり、「これは何の実かな？」とポケットに入れたり……。わたしの知っていることを話したりしました。たとえばいま私たちが歩いているこの遊歩道、むかし川だったことや、ザリガニやオタマジャクシ、ドジョウがいたこと。これはもう埋められてしまったが、学童の施設の周囲には水路が巡っていたこと。そして今は一本だけ残っているが、そこに赤松が植えてあったことなど……。その松はわたしの曾祖母（江戸時代の末期に生まれていたようである）が植えたものであり、西武新宿線・井荻駅と幼稚園の間にあった松山から「苗を抜いてきた」と聞いています。

ゴミを拾ったり、おもしろいものを見つけたり、話を聞いたり、これは先日亡くなった赤瀬川原平（前衛美術家、作家。『老人力』、『芸術原論』など。一九三七〜二〇一四）や藤森照信（建築家、日本近代建築史家。神長官守矢史料館・タンポポハウス・高過庵などを建築）らがやっていた『路上観察学会』の子ども版じゃないかと思いました。

最後に、お世話になっている「ふるはた医院」の前を通り、「子どもたちに注射してください！」……。子どもたちが診察室・待合室を埋め尽くしました。小児科もご専門の医院としてはうれしかったでしょうか。

一緒に歩いてくださったバンナイさんが、代表として、インフルエンザの予防注射の〝公開接種〟を引き受けてくださることになり、看護師の林さんの「悪い子は太い注射」、「いい子は細い注射」という冗談を子どもはわかったのでしょうか。緊張しつつも、うれしそうに古旗先生の手元とバンナイさんの顔を見つめていました。

ここだけの話ですが、十一月末日、子どもたちの前で、私たちが〝公開接種〟をすることになりそうです。注射大嫌いなサチ先生は今から〝ブルブル〟……。「幼稚園休みたい」と言っております。お・た・の・し・み・に！

つい先日の木曜日の帰り際、明日の朝、ゴミ収集場に出す四五リットルのゴミ袋を見て、

「あらっ、これだけ？」

と言うと、マリ先生、

「袋もったいないかな？　まだ入りますよね」……。

いえそうじゃなくて、火曜日から木曜日までのゴミ、これだけ？

「いいえ、先週の木曜日から今日の木曜日です」

「え～っ‼　家庭だって、週二回のゴミ収集のうち、一回でこれぐらいのゴミ出ししているんじゃないかな」

「生ゴミはコンポストに、紙は燃やしてるし、資源になるものは別に出してるし、ゴミになるものあまりないですね。もう少し分別すればもっと減るかもしれません」

ゴミが出るということは、モノの命を使い切っていないこと。

「ゴミを出さずに知恵を出す」……。

そんな生活を心がけたいと思います。ゴミを拾う経験をし、落ちているゴミにも関心を持てばゴミを捨てる子にはならないと思います。

視線の先

たき火の煙やオレンジ色に輝く炎、パリッと折れる枯れ枝や枯れ草、黒くしっとりとした地面、もう少しで飛んでいきそうなガマ（蒲）の穂（飛ばす日までさわらないでねー）、落ち葉の感触、梢《こずえ》から離れて小春日の空を舞うケヤキの葉、いろいろな場所でくり広げられる〝遊び〟……。もはやこれは「仕事」と言ったほうがいいかもしれません。

子どもたちは友だちのすることをじっと見て、「いいな〜」と思うことは自分の中に取り入れていく。また大人のすることをじっと見ています。お餅つきのあと、臼《うす》をしまうとき、臼が転がらないよう臼の下に木片をかませたのですが、これを見ていた子どもたちは、そのあとすぐ大きな板をしまうとき、倒れないように、同じように近くにあった木片を置いたといいます。

十一月末の「中瀬の夜学」のとき、ナルミ先生が一枚の写真を見せてくれました。二本の竹の間に縄を何段か結んで、そこに登ってカメラを構えているわたしの姿。しかし、主役はわたしが結んだ縄の結び目を見ている子の視線でした。結び方がうまくいかないので、見ているとのこと。

子どもは友だちや身近な大人のやっていることを見て、そして聞いて、自分の知恵にしていくのだと思います。壊れてしまったものをボンドで直して様子を見るときは、布のヒモより「ゴムヒモで結んだほうがいい」と教えてくれたのは大工の山形さんでした。理由は「よく締まる」ということでした。

子どもたちはいま、いやいつもいつも自分の中にたくさんのことをインプットしているはずです。自然から、友だちから、大人から……。幼児のときは、アウトプットよりもインプットのほうが大切だと思うのです。ものをじっと見つめることができたり、「ねえ、これなーに?」、「何してんの〜?」、「ちょっときて〜!」などと、大人や友だちに向かって口に出せる子は、とりあえず大丈夫だと思います。

たかが一日、されど二度とやってこない今日です。

秘密の花園

年長組の子どもたちが、第二グラウンドの枯れたススキを切りに行きましたが、まだちょっと早いかな？　枯れたススキの穂が冬の青空に映る姿をもう少しそのままにしておいたほうがいいかな？……とも思いました。

切るか切らないかの判断は感覚的なものに負うところが大きいので、相手にわかりやすく伝えることは難しい時があります。しかしこの時は、一匹のクビキリギスに助けられました。

子どもたちがススキを切っている途中、イナガキさんがススキの穂のてっぺんに止まっている緑鮮やかな一匹のクビキリギスを見つけました。これは越冬するバッタなので、根元のほうの茎の間、暖かな、そして安心な場所に潜んでいたのでしょう。子どもたちの騒ぎにびっくりしててっぺんに逃げたのだと思います。そしてこれ以上、上には逃げられないので困っていたのでしょう。

「この虫、外は寒いからまだこのススキの中にいたんだね。だからこのススキ切るのはここまでにしておこうね」

「そのほうがいい」

と子どもたちはナットク。もうしばらく枯れたススキが見られることになりました。その形に美しいものを残していて、何となくまだ切らないほうがいいんじゃないかと思われる〝冬枯れ〟の植物には、それなりの役目があるように思います。それは小さな虫が教えてくれたり、枯れた草の根本の枯れ葉の中の小さな芽が教えてくれたりすることがありますが、あのクビキリギスが出てきたのもそういうことかもしれません。

「偶然」という言葉では片づけられないものがあります。虫もそろそろ起きるころ、枯れた草が守ってきた小さな芽もしっかりしてきたし……。というころになったら、そうしたら切ればいい。

木々や草たち、土や水そして火のかすかな声に耳を澄ませると、〝何か〟が聞こえてきます。プランターをひっくり返すと出てくる冬眠中の虫たち。まだ眠らせておこうと元に戻したり、暖かそうな所に移動させたり、虫が入っているか気をつけようと〝たき火〟に入れる朽ちた木を確かめたり……。

冬から春の園庭へ、少しずつ少しずつスライドさせながら手入れをしていくことになります。

庭は「秘密の花園」です。

匂い

江戸東京たてもの園（小金井市）に行ったときのことです。

「これは幼稚園のとは違う匂い」

「これはちょっとお酒の匂い」（おとな）

「これはお化粧の匂い」（おとな）

「白は純粋な匂い」

「おいしそうな匂い」

「これは匂いがしない」

「白いほうが赤いのより匂う」

「これは咲く前で、これは咲いたあとだね」……。

子どもたちは次々と梅の匂いを嗅ぎ分けながら、ちょうど見ごろを迎えている梅の林の中へと走っていきました。

「枝がつながっている」とはしゃいでいる声……。

たしかに、となり同士の梅の木の枝が重なっているところは、クラス全員が入れてしまいそうな〝梅の花〟の屋根になっていました。

黄色いサンシュユも咲いています。ロウバイ（蝋梅）は、もう匂いがなくなっていました。

ここへ着くや否や、ビニール袋を出し、「たき火に使うのだ」と言って小枝を集めていた子がいました。枝を拾ううち、小さなゴミを見つけ出しました。ガラスの破片、お菓子の紙、ビニール片……。

目印のためか、大きな木の幹に巻かれて、風でボロボロになったスズランテープ*にはみなびっくりしました。そして、幹につけられているプレートは直接ネジで取り付けられており、子どもたちは、

「ヒモで縛ればいいのに」

と言っていました。そこで公園事務所に知らせて、別の方法をお願いすることにし

ました。

桜の根元に植えてあるリュウノヒゲ。

「リュウノヒゲは三つの種類があって、本当は抜いちゃうんだけど、木の根の回りは植えるんだよ」

そう友だちに伝えていたのはTくんでした。

木を見たり、松ぼっくりを拾ったり、友だち同士で楽しいおしゃべりと、そんなんなで一〇時にはもう『たてもの園』に入っている予定でしたが、入り口にたどり着いた時は一〇時三〇分近くになっていました。園に帰ってから知ったのですが、中瀬幼稚園の子が一〇時を過ぎても到着しないので、電話があったそうです。この電話はもしかするとボランティアの駒形さんからだったかもしれません。

駒形さんは昨年の遠足のとき、子どもたちが敷居を上手にまたいで、決して踏まなかったこと、靴をそろえて座敷に上がった様子に、

「小学生だって、大人だってできない人がいるのに」

と感激してくださった方です。私たちに「会いたい」と、ご自分の担当をこの日に変更していらしたのでした。

「三井家」では、ボランティアの方の話をよく聞いていました。手の込んだ飾りのある〝釘隠《くぎかく》し〟のこと、仏間の天井の〝龍の絵〟のこと……。

Sくんはこの絵を見て、大人のような調子で、

「いいねえ」

と言っていました。

そしたらボランティアの方は、

「もっと質問ないの？」

とうれしそうでした。

「この部屋の長押《なげし》（柱と柱を繋ぐ鴨居の上の横木）はホコリがたまらないように溝がつくってないんだよ」

との説明に、マリ先生とわたしは背が低くて背伸びしたとしても手は届かないのに、

「あっ、ほんとうだ」

と見栄を張り、お互い触っていないことがわかり、顔を見合わせてしまいました。

移築された「三井家」の蔵の中では、園のこととつながるものがあり、時間がかかってしまいました。

梁《はり》に「明治七年甲戌建立」の文字がありました。〝墨〟には力があり、こうして材木に印されて長い年月が経っても、そのままであること。園で削っている〝炭〟にも力があること。十、十一、十二……などと板に墨で印されているのは、バラバラにしたものを元通りに建てるため、順番がわかるように印を付けたので、いたずら書きではないこと。一度使われて刻みのついた柱などは、そこに別の木を埋め込めば再び一本の柱として使えること。このやり方は年少組の部屋と工房にもあることなど伝えました。子どもたちは「ここにも」と見つけていました。

「この建物はクギ（釘）が使われていません。材木に切り込みを入れて木と木とつなげています」

とのボランティアの方の説明に、

「はめこんでいるんだね」……。

園の職員室の前の黒く塗った木のかたまりはこれと同じであること。このやり方は地震に強い〝抜き工法〟とも言われていること。このかたまりはわたしの曾祖父が明治時代に建てた物置小屋の一部であることも話しました。また、クギを使うと錆びることがあるので、木を傷めることがある（火災にあった法隆寺再建の時もこの問題で論争があったと本で読んだことがあります）こと。

わたしの持てる知識でしかありませんでしたが、この建物の醸《かも》し出す空気もあって、よく聞いてくれました。

子どもたちがとくに興味を持ったのは、植え込みを守るため、細く切った竹を土に埋め込んで柵を作っていた造園の方の仕事でした。

余分な竹の部分を切ると、

「ください」

と手を伸ばし、宝もののようにリュックにしまっていました。

子どもたちは、竹の先を土に埋める道具や高さをそろえる道具を見ながら、

「こんなに深く埋めるんだ〜」……。

ついこの間、自分たちも枝と麻ヒモを使って同じようなことをしたばかりで、興味を持ったのでしょう。埋め方が「甘かった」と思ったかもしれません。仕事をしてた方も、このように子どもたちに見られたのは「はじめて」だったようで、うれしそうに照れていました。そして草むらを守る柵のやり方は、いろいろあると思ったのでした。

囲炉裏《いろり》のまわりで五〇数名の子どもたちに「昔話」を語ってくださった九〇歳のすてきなおばあちゃん。子どもたちが〝灰〟のことも、〝たき火〟のことも知っていたので、不思議そうにしていました。

ここでは、園でやっていることと重なることがたくさんあって、子どもたちは自分たちがやっていることに、少し意味を感じたのではないかと思います。枯れたススキがまだ切られずにある場所を通って、クロッカス、クリスマスローズ、スイセン、ウメが咲いている庭先でお弁当を食べました。

いつも、ちょうどススキを切るころここへ来るのですが、切ってから来ると、「これ、もう切ったほうがいいよ。新しい芽が出てるから」ということになるのですが、今年は帰ってから切ることになりました。

最後に枯れたススキを切ると、園庭は〝春〟になります。

＊スズランテープはなぜよくないか？　このテープは、水にも強くものを縛るのに強力で便利なのですが、使われた後そのままにしておくと、風の力などで細く裂け、それが野鳥の足などに絡みつき、細い足に食い込んでちぎれてしまうことがあるのです。放置された釣糸と同じで野鳥には凶器です。

幼稚園はおとなの遊び場

秋のころから始めた「中瀬の夜学」……。二〇一五年は三回できました。

一回目のテーマは、三歳児の『段ボール箱あそびについて』――。「仲間関係ができるということは、仲間はずれもできるということではないか」とわたしから問題提起しました。

二回目のテーマは、『アウトローたちについて』――。「大人が困ってしまうことをやってしまったとしても、それは時には、子どもにとって『いいこと見ーつけた』ということでもある」……。ちょっと危ないテーマでしたが、担任たちが初めて明らかにすることなどを交えて話したり、参加者が子ども時代の思いあたることなどを話したりして、にぎやかでした。

三回目は、「表現展」の後でもあるし、その余韻を残した話題になるのではと思い、はじめに『おイモの描画表現』の映像を流しました。この短編映画を作ってくださった映画監督の筒井勝彦さん、そしてグループ現代のプロデューサー・川井田博幸さんも参加していたので、はじめは「保育」の話でしたが、お酒が入ったこともあって、いつの間にかさまざまな話題で小さな車座があちこちにでき、夢中で話に花を咲かせていました。

こんなときは話が前向きになり、そしてオーバーになります。

「ちょっとムリかな?」

と思われることでも、

「今度やりましょう」

などということになります。この「夜学」の話も『幼児の描画表現』の出版祝賀会の席から出たのでした。

どなたもちょっとくつろいで、みんなで「気軽におしゃべりしたいのだ」と思いました。これからは、このような〝アナログ〟のつながりが次第に無くなり、顔をお互い合わせない〝つながり〟が多くなっていくことでしょう。だからこそ「やはりこういう場が必要なのかな」とも思いました。

「文明がいくら進んでも人間は進歩しないものだ」

とは、たしかゲーテの言葉だったと思います。

「夜学」にはもうだいぶ前の保護者の方も参加しています。私語「ＯＫ」、遅刻・早退「ＯＫ」、アルコール「ＯＫ」……。

「幼稚園の環境づくりのポイントは?」

と聞かれてわたしは、

「どこでもバーになり、どこでもコーヒーショップになり、どこでも居酒屋になる場所があること」

と答えることがあります。怪訝《けげん》な顔をする方もいますが、妙に納得される方もいます。大人も子どもも同じです。園の中には、集まってくつろげそうな場所が結構あります。見まわしてみてください。

金曜日の夜七時から、居場所のない方（ある方でも）、「夜学のポスター」どうぞ見逃しませんように……。台所の残りもの（酒類・つまみ……）など手にお出かけください。

天気俚諺

ようやく気候も定まって、若葉が出そろい、初夏の日差しに輝いています。そして、子どもたちも新学期にしては落ち着いて「そろそろこの時期の本格的な活動に入ってもいいかな」と思うこのごろです。でも新入りの子など、〝まだまだ〟のところもありますので、ゆっくり、ゆっくりと見守っていきましょう。

園を囲んで守ってくれているケヤキ……。その新芽の出方が、今年はふぞろいで、濃いところと薄いところがあります。

ケヤキがこのような新芽の出し方をする年は、「遅霜がある」と言われています。四月の終わり近くになっても、霜が降りるような寒い日があるかもしれない、ということです。そんな天気と関わりのある〝ことわざ〟を挙げておきましょう。

「八十八夜の別れ霜」……。立春から数えて八八日目を過ぎれば、もう霜が降りることはないだろうから、種をまいても大丈夫ということです。風や雲もまた、いろいろなことを教えてくれます。

「春一番が吹かない年は気候が不順」……これは最近知りました。今年の春は各地で雪や風、大荒れでした。

「風に貸し借りなし」……南風が吹けば、必ず北風が吹く。

「南の音がよく聞こえると南風が吹く」……四月半ば、南のほうが〝ザワザワ〟としていると思ったら、間もなく強い南風が吹き、園内が大変なことになりました。

「飛行機雲が出ると明日は雨」……これは子どもたちも知っています。最近では〝地震雲〟のことも話題になります。

「古傷が痛むと天気がくずれる」……古傷は季節の変わり目や天気の悪い日などに痛みやすいことから。同じ意味で「猫が顔を下にして隠して眠ると天気がくずれる」とも言われます。

「秋の雨が降れば猫の顔が三尺になる」……秋は晴れの日より雨の日のほうがむしろ暖かいということ。秋に雨が降ると寒がりの猫が喜んで、顔を三尺（九〇センチ）

もながくするということからこう言われます。

「夕焼けに鎌を研げ」……夕焼けになれば翌日は晴れに違いない。だから今のうちに鎌を研いで準備をしておけということ。

「五風十雨」……農作物にぐあいのいいように五日に一度風が吹き、十日に一度雨が降る。気候が順調で理想的なことをいいます。

「災害は忘れた頃にやってくる」……天災は人々がその恐ろしさを忘れたころにまた襲ってくる。だから、ゆめゆめ油断しないように日ごろからその恐ろしさを肝に銘じて用心を怠るなということです。私たちは二〇一一年三月一一日（東日本大震災）の未曾有の大災害を決して忘れてはなりません。それとともに被災地へのやさしい眼差しと復興のための支援を忘れたくないものです。

私たちは農耕民族であるために手に入れた自然からの情報、ついこの間まで生活の中に生きて役立てていた情報……。生活が変わってきたからとはいえ、このような情報が消えていくのは残念に思います。

イチゴ事件

ある朝のこと、『とまと組』担任のマリコ先生が大ぜいの子どもたちを引き連れてわたしのところにやってきました。マリコ先生の手には、ほんの少し薄赤くなった一粒のイチゴがのっていました。「あら大変」とばかりに、わたしは目を見開いて〝ポカン〟と口を開けたまま……。言葉を発しなくても、子どもたちはわたしの言いたいことを感じ取ったようでした。「何とかしようね」ということで帰って行きました。

あとでわかったことですが、イチゴのプランターのところでとまと組の子どもたちは『さくらんぼ組』の子どもたちに、こう言われたのだそうです。

「白いのとっちゃいけないんだよ〜」

「かわいそうなんだよ〜」

「赤くなれないんだよ〜」

「ヨシコ先生のところへ行ったほうがいいよ〜」……。

じつはこの前日、さくらんぼ組の子どもたちはまだ赤いところのない、白い大粒のイチゴをとってしまうという〝事件〟があったのです。「白いのは……」などととまと組の子に向かって叫んだのは、その中心メンバーの一人であったそうです。

このとき、担任のマリコ先生といっしょに白いイチゴを手にしてやってきた子に向かってわたしは、

「かわいそう、まっ赤ないい匂いのするイチゴになりたかったのに、白いままで終っちゃった」……。

そうつぶやいたのでした。白いイチゴがわたしには何だか哀れに見えたので、思わず口に出た言葉でした。

「そういう言い方あるんですね。『かわいそう』という言葉がズシンと子どもたちの心に響いたようです」

と、マリコ先生。

また、マリコ先生によると、とまと組の子は赤いところはまだほんの少しのイチゴ

なのに、

「もう赤くなっているよ〜」

と言っていたということでした。

全体が赤くなって甘い香りを放っていなければ、〝食べごろとはいえない〟ということがまだわからないのかもしれません。幼い子にとって、「イチゴが赤くなって食べごろになる」ということは難しいことなのかもしれないと思いました。

毎年この時期、イチゴをめぐって小さな〝事件〟が起こります。わたしはこういうことが起こると、〝ホッ〟と安心して、うれしくなります。せっかく手入れをして赤くなったイチゴが、誰にも見向きもされずに、アリに食べられてしまったり、そのまま腐っていったら寂しいことだからです。

考え過ぎでしょうか。子どもの手でもぎ取られた白いイチゴが、人生これからというときに、「お国のため」といって命を絶たれた若い特攻隊の姿と重なってしまうのは……。

上遠恵子先生も、ドキュメンタリー映画『子どもは風をえがく』の中で、「命を絶たれる」ということを話しておられました。

だいぶ前のことです。畑で〝雑草とり〟をしていたとき、Kくんがポッリと言っていました。

「この草は自分が雑草と思って生えてきたんじゃないのに」……。

この子は『幼児の描画表現』の中で、「死んで固くなっているから」と言って四角い猫の〝カル〟を描いた子です。チャドクガだって、自分は人間に被害を与える害虫になりたくて生まれてきたのではありません。

世の中は矛盾に満ち、解決できないことがたくさんありそうです。そのなかで、子どもたちと虫や植物との接点をていねいになぞっていくと、新しい発見、別の見方などに出会うことでしょう。

さあ、次はどんな「イチゴ事件」が起こるか……。楽しみでもあります。

今日もイチゴを引っ張ったら茎がプッンと切れた感触に〝ハッ〟としたのか、あわてて元の場所においていった年長のKちゃんの姿がありました。もう元には戻らないのに……。

こんなに折れた

今日「飯田林業」さんが仕事に入りました。今回の仕事は〝カラスの巣〟を取ることと、ケヤキの枯れ枝を取ることが主な仕事です。園舎の前や裏、竹の子村など、子どもたちが過ごす所に大きな枝が落ちないように注意を払っています。

幸いなことにカラスの巣に卵はなかったし、ヒナもいませんでした。

飯田さんによると、カラスの巣には〝二通り〟あるといいます。ひとつは卵を温めてヒナを育てる巣。もうひとつは、そこに棲《す》むための巣だそうです。ついこの間までこの巣にカラスの羽がのぞいていたので、この巣は後者のほうだったのでしょう。

都会のカラスはハンガーなどを使ってうまく巣を作りますが、これもそうでした。

飯田林業の職人さんたちはキビキビとしていて、格好いい。森の手入れはひとつのプロフェッショナル集団の〝ショー〟でもありますから、これをぜひ子どもたちに見てもらわなくてはと思います。子どもたちがどこから見たら安全で、そしてその仕事ぶりがよくわかるか、飯田さんに「次は何をするのか」を伺いながら場所選びに走りまわります。子どもたちの中には、慣れているのか「ここがいい」と、本当によく見える場所を見つける子もいます。

お昼休みの少し前、今がチャンスと「子どもたちにチェーンソーで太い枝を切るところを見せていただけますか？」とお願いしました。

飯田さんは快く引き受けて下さいました。

そこに居合わせたのは年中児たち。切りクズの中から、飯田さんが切ってくださった輪切りにしたものを、「ください」……。

「いいよ」

するとみな〝サッ〟と手を出し、大切に握りしめていました。これを持ち帰った子は何にしているでしょうか。

その後、子どもたちでも折ることのできそうな枝が何となく目に入りました。まもなく一二時。「これ折らないと、お弁当食べられない」ということにしよう。二人の担任も「うん、うん」と、うれしそう。

　はじめは早くお弁当を食べたくて折り始めた子もいたようですが、〝ポキポキ〟と軽く乾いた音とともに、枝が折れる感触が気に入ったようで、夢中になっていました。

「ほら、こんなに折れた」

　そう言って、細い枝を数本長さをそろえて持っている子。片方の手にやっと手に入れた木ををしっかりと握りしめて、やりにくそうに足も使って折っている子。太い枝に挑戦している子は、頑張ってその枝が折れてくれると顔を紅潮させ、満足そうな表情をしていました。強くなりたいのでしょう。

　まだ年中児なのに、足を使って折っている子が多いのに驚きました。男の子も女の子も……。


　一〇年ほど前のことです。文科省（文部科学省）の調査官であるO氏が「現場を知りたい」とのことで、何回か園にいらしたことがあります。子どもたちが足を使って枝を折っていることに驚いていました。わたしはO氏の驚きに驚いた記憶があります。枝を折ることは、その頃も園では日常的なことでした。O氏は小学校の図工教育担当で、現在は大学で教員をされています。

ついこの間、ある「できごと」（卒園生である小学一年のMくん、公園の遊具に体がひっかかり、中に浮いたようになってしまったのですが、腕で体をしっかり支えることができ助かりました）がありました。そのとき、子どもたちの足とともに、手と腕も「もっと鍛えねばならない」と改めて思いました。仕事をし、何か作りだす手、何か危ない目に合ったとき、サッとかばったりする手、自分のからだを支えてくれる手。だから「枝を折ってみよう」などということを思いついたのかも知れません。折るには手の力がいりますから……。

竹の子村へ行ったら必ずすることとして、動物のお墓に手を合わすこと、木の道を歩いてくること、それに枝を折ってくることを付け加えれば、子どもたちによりプラスになるのではないかと思います。

そして小枝は太い枝とは違った〝危険〟を伴うことがありますから、「気をつけなければならない」ことも伝えなければなりません。「自分のことは自分で守る」力も年齢に合わせて育ってほしいと思います。そして枝などで、ほかの友だちを傷つけないように注意することも……。

石や枝を拾うこと、枝を折ること、穴を掘ること、水を流すこと、水の流れを止めること、水をためること、削ること、結ぶこと、洗うこと、言葉で伝えること……。昔から人間が生活するために営々として続けられてきたアナログ的技術です。その技術はなぜか子どもたちをひきつけます。そのひとつひとつに焦点を当てて、「これはできているかな？」と家庭でも園でも確認しながら、子どもたちに接していかなければと思います。

年中組の子どもたちは、時間を忘れて枝を折ることに夢中になっていました。〝折る〟ことが目的であり、折るために折っていたようです。

・年少児は「モノに手を出せるようにする」
・年中児は「ひとつひとつの行為を遊びとして活動する」
・年長児は「その行為に〇〇のためという必然性があるとよい」

……と考えています。

具体的にいえば、

・年少児は「枝を拾えるように」
・年中児は「枝を折れるように」

・年長児は「枝を集めてたき火をしたり、家を作ったりする」……。だいたいこういう流れをとることになるかもしれません。

手も足もしっかり育ってほしいものです。少なくとも園の行き帰り、リュックや荷物は大人が持ってあげてしまわないことです。

今日は空を見上げることの多かった一日でした。アゲハ、クロアゲハ、アオスジアゲハは意外と高い所も飛んでいます。そしてムクドリ、スズメ、コゲラ、オナガ、カラス、ツバメ……。羽の動きが少しずつ違って、五月の空を気持ちよさそうに飛び交っていました。

意志の育ちの芽

〝年少〟の子どもたちがたくさんの小枝をカゴいっぱいに拾い集めて、竹の子村から帰ってきました。カゴの中の枝は、大小ゴチャゴチャに、緑の枝も茶の枝もゴチャゴチャに入れられていました。そのなかで、ひとりの男の子の手に一〇センチほどの緑色をした小枝が一〇本ほど握りしめられていました。たぶん飯田さんが切ってくださったクスの枝でしょう。

とても〝小さな出来事〟で見落とされがちですが、わたしにはこの出来事は、「この子はもう分類をしていた」のであり、それは「ぼくはこの緑色が好きなんだ」というその子の「意志の育ちの芽」ではないかと思いました。

「こうして、こうして、こう描くのよ」「こうやって作るのよ」「間違えないようにね」というやり方では、「こうしたいなー」「こういうやり方はどうかな」といった、せっかく形づくられていくその子の気持ち（意志、考える力）というものがつぶされていくように思えてなりません。

いま子どもについて、世の中で行なわれていることを、ふと眺めてみると、「はたして、これでいいのかなー」とため息が出ることが多いこのごろです。

子どもの気持ちを代弁してみましょう。

「段ボール箱、みんなで中に入って破れたら違うものになるよ——。ぞうさんやキリンさん作るよりも、そのほうがおもしろいよ」

「左手だって右手だってどっちだっていいじゃないか、音楽が聞こえたら楽しくからだをうごかしたいよー」

いつか三人で

「ここに来ちゃダメ」とか「仲間に入れてあげない」とかのやりとり、クラス全員対一人の大人、または対カラスとの知恵くらべ……。これはいい形での「ケンカ」とも言えます。そのとき子どもは、いろいろな方法で対抗しながら〝自分の力〟を知っていきます。

ある日、高いところに登った年中児が二人、自分も「そこに登りたい」と言っている子に向かって、

「ここは高いからあぶないよ。これはもう古いから、地震がきたときこわれるかもしれない」……。

こんな理由を言えるようになったのかと思いました。「ダメ」だけでなく……。

下に立っている子は、何としてもそこに登りたい。上の二人は図鑑のページをめくりながらも、下の子を気にしている。こんなとき、「入れてあげたら？」と大人は口にしがちですが、上の二人は、二人だけの楽しみに浸っているようでした。

「いつか三人で」の日が来ると思います。少しずつ、少しずつ〝友だちの輪〟が広がっていくのだなあと思うのです。

やっと手に入れたことを邪魔されたくない……。そんな気持ちは、〇（マル）が初めて描けたときの気持ちと共通するかもしれません。

「隠すこと」「だますこと」なども否定されがちですが、これは成長に伴う〝知恵〟とも考えたいものです。虫を、つい、うっかり、そして好奇心からつぶしてしまうこともあります。しかし、つぶさないようにすることもやがて知るはずです。それぞれの一学期、一人の子の成長とは、そんなに簡単ではないなと思います。

政治家よ子どもに学べ

いま、世の中の流れがおかしい。何か向かってはいけない方向に、少しずつ少しずつ流されていくように思います。生活が急に変わったわけではないですから、気にしなければ、また気が付かなければ気にならないかもしれません。スーパーには十分に品物が並び、電車やバスもキチンと走っており、学校も平常どおりに動いています。都心に出ればいつものにぎわいであり、みな浮かれているかのように笑っている。テレビをつけると、どのチャンネルも、平和そうな番組ばかり……。でも、何かが忍び寄ってきているような気がしてならないのです。

二〇一四年七月、平和憲法の解釈が変えられましたが、また二〇一五年も七月十五日、「安全保障関連法案」が衆議院で強行採決されてしまいました。あの夜、九時すぎにテレビをつけたら、時間帯の関係もあったでしょうが、この問題を報じていたのは一局だけでした。ほかはすぐに消したくなるような娯楽番組ばかりでした。新聞をみても、もう報道規制が始まっているように思えてなりません。

わたしの恩師の髙橋雄四郎先生がはっきりと語ってくれます。

「今は、戦争前夜のあのころと同じだよ。日本はアメリカの属国となっていくんだ。民間でもっと文化交流する必要があるね」……。

いま思えば、わたしは戦後すぐの生まれ、給食はみな助かりましたが、「脱脂粉乳」の洗礼を受けました。そのときの牛乳には訳があったことあとで知りました。米国の家畜の飼料の残りだったそうです。本当でしょうか。あのときのトラウマで、今でも牛乳が不得手です。映画や音楽などの文化面では六〇年代、米国からいい刺激をたくさんもらったのですが……。

レイチェル・カーソンや上遠恵子先生には科学とともに文学があります。そして経済の発展よりも「いのち」という哲学がある。映画『子どもは風をえがく』をご覧になったある方が、「ここにはカーソンの教えが生きている」と言ってくださいました。うれしいことでした。

先日の保護者会でヨコヤマさんが、小学校でのカイコ（蚕）の扱いについて語ってくださいました。育ててきたカイコのいのちについて話し合うこともせず、流れ作業のように茹でることにしてしまった理科の授業。理科の勉強こそ〝いのち〟の勉強ではないかと……。いいお話でした。それに続けてわたしも、七年前の忘れることができない年長児のカイコの話をさせていただきました。マユ（繭）になったカイコをどうするか、多数の子の意見で茹でて糸にすると決めたのですが、子どもたちは「たった一人」の子の気持ちも尊重しました。少数の意見であっても、それが意味のあるものであれば、それを尊重する子どもたち……。

少し前の与党には、タカ派、ハト派、いろいろな意見があり、今のように一つの意見にまとまれない時代があったように思います。

「民主主義とは多数決ではない。民主主義とは、さまざまな意見のバランスをとりながらの微調整だ」

と、ある憲法学者が言っていました。

「政治家よ子どもに学べ！」です。

すべてが〝多数決〟で決まってしまっては、国がフラフラと、どちらの方向へ行くのかわかりません。頼りないことです。

こんなとき、「幼児」のことを考えている者として何ができるでしょうか？

以前にもたびたび書いているかもしれませんが、「自分の言葉で自分の気持」を言える子に育つように努力することに尽きます。子どもたちに、「あれも、これも」と詰め込むことではなく、ゆっくりと時間をかけて、日本人としてのアイデンティティ（生まれた国、育った国の）を持って、一人前の子どもに育てていくことしかないと思うのです。

文部科学省は「国と郷土を愛するように……」と言っていますが、「郷土」という言葉を入れるように言ったのは麗澤大学教授で思想家の松本健一（一九四六～二〇一四）先生だったと伺っています。松本健一先生の『わたしが国家について語るなら未来のおとなへ語る』（ポプラ社、二〇一〇）や司馬遼太郎（一九二三～一九九六）氏の『二十一世紀に生きる君たちへ』（世界文化社、二〇〇一）が小学生高学年向きかなと思いますが、大人にもいい本です。

そしてまた、これがなかなか難しいのですが、「気づく力」「何かを察知する力」「気配を感じる力」が付いて欲しいと思います。便利になればなるほど、この力、生きるための原点でもある〝力〟は消え入ってしまうように思います。

「こんなものか」と慣れ、あきらめるのではなく、「おかしいな」と気づく力の芽……。それは幼児の時に育つのではないかと思います。もちろん大きくなっても大丈夫かなとは思いますが。

ほんの身近なものの変化に気づく経験……。自分の世話をしている植物であれば、芽が出たことにも、つぼみが付いたことにも、花が咲いたことにも、何か元気がないなーということにも、我がことのように思うはずです。もちろん、大人の働きかけ抜きにはできません。こんな小さいことも、子どもの心を豊かにすることのひとつではないかと思います。

『星の王子さま』（サンテグジュペリ作、岩波書店、一九五三）の中に、王子さまがバラに向かって、どのバラも美しいけれど、ぼくが水をやったり覆いガラスをかけてやったり……、手塩にかけてやったバラは大切なのだという意味のくだりがあります。そこにもあるように、「どれだけ心をかけたかが大事なんだよ」だと思います。

それが、はっきりとした結果を生むかどうかはわかりませんが、「今」を大事にして欲しいと思います。育てるということは、願いであり、祈りでもあります。

数える

今年、二〇一五年の「セミのヌケガラ集め大会」の結果は、八八、四三一匹（?）となりました。内訳は、

一位『どんぐり組』四四、四一八。これにはびっくり！　一クラスでこの数！

この記録はもう破られないでしょう。伝説として語りつがれることになるでしょう。

「おめでとうございます」。

二位『きのこ組』二二、五二三。

三位『たんぽぽ組』七、七一五。

四位『とまと組』五、六五九。

五位『さくらんぼ組』三、四八〇。

六位『もも組』一、九八一。

卒園生のハニュウさん（おばあちゃんです）は今年も飛び入りで二、六五〇で六位です。ハニュウさんを入れますと、『もも組』は七位ということになります。

一家総出。田舎のおじいちゃん、おばあちゃん、おじさん、おばさん……。大活躍だったことと思います。ご協力ありがとうございました。そしてお疲れさまでした。

数える時間に制限をつけ、一時間半ぐらいにしたので、どんぐり組などどうなるかと思っていましたが、お母さんの協力があり、全クラス数え切ることができました。お母さんたちの何があっても数えることに集中する力、すさまじいものがありました。

年長児はほとんどの子が「一〇」まで数えられますが、年中児は数えられる子の中に〝数えられない子〟が少し混ざっていました。ある年中の男の子は、帽子の中に一、二、三、四と数えて入れていたのに、とつぜん「二〇」くらいになって帽子を運んでいました。「おかしい？」と思って後をつけていくと、四の次はまだわからないようで「たくさん」とか「一〇」と言って、適当につかんで帽子に放り込んでいたのでした。まだ「一〇」まで正確に数えられないのです。たくさん入れてしまうと、わたしの顔を〝チラッ〟と見て、ちょっと恥ずかしそうな表情を浮かべたのは、自分がまだ

「一〇」まで数えられないということがわかっていたのでしょう。

このことは、映画『子どもは風をえがく』のなかで四歳児の絵について話している場面にもありましたが、四歳児の今ごろは自分の能力が自覚できるころとなるのでしょう。この時期は〝成長〟という流れの中の一つの節目のように思います。

マリコ先生の話によりますと、三歳児の中にはまだ「数える」という意味がわからない子もいたそうです。三歳児は生まれ月の差が大きいですね。

日常いろいろなものを手にして遊んで工夫できたとしても、〝早生まれ〟の子など、「一〇」までモノと対応させて数えることができない子がいます。その反面、三歳児でも数えられる子がたまにいることを考えると、子どもの成長発達というものは、「複雑だなあ」と思います。遊んだ経験と、興味のあり方と、月齢差が複雑にからみ合って子どもたちは成長していくのではないか?、「数える」という小さな出来事を通して改めて思います。

まだ年齢的に幼なくてそこまで意識していないのに、考えることができないのに、興味がないのに、「このようにやるのよ」と形だけ教えられ、課題が与えられていることが、幼児教育の世界にたくさんあるのではないかと危惧しています。

セミのヌケガラを集めること、数えること、落葉集め大会、タイヤ取り、ソフトレンガ削り、泥粘土の板についた乾いた粘土はがし……。どれも誰でもできるシンプルなこと。しかも、大人も子どもも、こういうことには夢中になれます。

「やりましょう」と言い出したくせに、「どうしてだろう？」とワタシは考えこむのであります。「本能をくすぐるからかなー？」「いろいろ工夫してアイディアが生かせるからかなー？」……。みなさん一緒に考えてください。

ヌケガラ集め大会の最後を飾ったのは、例年どおりに「一位」は半分に割ったみごとなスイカ、六位のクラスには向こう側が透けて見えるくらいのペラペラのスイカでした。でもどのクラスも「とってもおいしかった！」そうです。

それぞれの排水工事

年中組の子どもたちが二人組で種まきした鉢。とても可愛い双葉が、急に出たのでびっくり！　種をまいたばかりの日には、一生懸命に水をやっていました。セミのヌケガラの粉も入って、乾いてフカフカの土。乾いた土に水をかけて遊んだ経験がある方は想像できると思いますが、このような状態の土には水が滲み込みにくいのです。四歳児には大変なことでした。

〝ザーッ〟と入れると、植木鉢のフチから水と一緒に土も流れ出てしまいます。そこで、少しずつ少しずつプリン容器のフチから気長に水をかけている子。

Aくんは指で土に穴をあけ、そこにプリンカップで水を入れ、その水が穴の奥に滲み込むのをじっと待って次の水を入れていました。プリンカップの底に穴があいていて、そこから水がポタポタと出ていることに気づくと「こりゃいい〜」とばかりにみんなの鉢に振りまいていました。

Kくんは大きなジョウロは水がたくさん入って〝便利〟とばかりに、大量の水をザーッとかけてしまいました。するとみんなに、

「多すぎ、多すぎ！」

と言われていました。こうするとどんな結果をもたらすのかわからなかったようです（土も鉢から流れ出してしまいます）。これから何回も経験して、〝加減〟ということを知っていくことでしょう。

Bくんは地面に棒で穴をあけていました。そして、鉢から流れ出した水がそこへ流れ込むよう誘導しているのでした。これは園庭の〝排水工事〟そのものです。

土まじりの砂に水分があるものを手のひらで叩くと〝液状化現象〟が起こります。Bくんはそのことも知っているのでしょうか？

砂や土と水はどっちが強い？　遠い将来、大きな工事に関わることがあったとき、Bくんはこのこと思い出すでしょうか？

お酒ちょうだい！

「お酒ちょうだい！」……。

「エッ？」

年長のSくんがクルミをひと粒握りしめて職員室にやってきました。

「あー、そーか！」、このあいだのお酒屋さんごっこの続きね。

「ごめんね。お酒なくなっちゃったから、今日はお店やってないの」

「じゃ今度お店やってよ、おコメのお菓子もね！」

先週の金曜日のこと、職員室の出窓にお酒を並べました。保護者の会からいただいた銘酒の数々、かしわ酒造の『子どもは風をえがく』の一升瓶には日本酒を、大徳利には焼酎を入れて……。

すると、やってきた、やってきた。たくさん遊んでお弁当も食べ、顔やTシャツには泥ハネがついている年長の男の子たちがまず手に〝クルミ〟を握りしめて……。

「クルミ持っていかないとお酒くれないぞー」

きっと誰かがそう言ったのかもしれません。こんな情報はすぐに広がるものです。どの子も手はきれいなところを見ると、お弁当の前に「手は洗いましたか？」と言われて、あわてて水道のところへ走ったのでしょう。押し合いながら、プラスチックのライオンコップにお酒（？）をついでもらうと、おいしそうに飲んでいました。

居合わせた母や父、担任も飲みにくると、わたし一人の店番では手が足りないとみたのか、気を利かした男の子たちがカウンターの中に入って一升瓶を手にお客にお酒を注いでいました。その手つきの上手なこと、上手なこと。家でもやっているのでしょうか？

「お待ちくださーい」

「日本酒ですか？　焼酎ですか？」

「いらっしゃい、いらっしゃい」……。

上手に酔っぱらってくれる母や担任の姿を見ては、ますます子どもたちは張り切ります。

出窓にこぼれたお酒(?)に口をつけて〝ズーズー〟とすする子。やってくれるじゃないか！

「なんだこれ、水じゃないか！」(あたりまえよ)

「少ないよ」

「おっとっと」

「ぞうきん、ぞうきん」……。

多少のトラブルもありましたが、ここはまるで〝ホストクラブ〟のようでした。

「お酒売り切れ、もうカンバンです」

と言うと、汚れた男の子の集団はなぜか台所へと流れていってしまいました。

「ほらほら労働者の皆さん、こっちこないで！」

とサイトウさん。

この光景、何かに似てるんじゃないかと思いました。

そうだ！　炭鉱の、ビル工事の、地下鉄工事の仕事帰りにちょっと一杯ひっかけて帰るおじさんたちの姿にソックリ……。『山谷ブルース』、古いところではバタヤン

（田端義夫）の『雨の屋台』など流してみたくなりました。でもピッタリ合ったら少しこわい。

朝は、こんな場所つくっても子どもたち集まって来ないでしょう。お弁当のあと、お帰りの時間が近いころがいいようです。お仕事もいっぱいやったし、ほどよく疲れて心地よい時間帯、仕事帰りのおじさんたちと同じじゃないかと思いました。人間は子どもでも大人でも変わらないのでしょうか？　ある秋晴れの日のひとこまでした。（注：こんな遊びたびたびやっているわけではありませんので、ご安心を）。

追記：エイコ先生談「Mくん、おさるのかごやの絵かいたの？　あれ労働歌だよね。重いもの持ってうんとこどっこいほいさっさ！……山道、細い道……今の年中にピッタリ。ううん、うちの園の子にピッタリ。情景がわかりやすくて」

そうかもしれない！　子どもたち労働者だもん!!　労働者諸くん！　そうだ、あすもガンバロー。

いないいない「バー」

以前にもこんなことがありました。それは園舎の耐震と改修工事のさなかのことでした。きのこ組とたんぽぽ組の間のトイレを小さくし内装も新しくなり、

「明日便器が入ります」

と工務店の渋谷さんに告げられたとき、

「もうやるなら今日しかない」

というわけで、あの小ぢんまりとした横長のスペースを「いないいないバー」に仕立てることにしました。

低い木箱か何かを台にして板を渡してテーブルにし、もうあさってから冬休みに入るので、冷蔵庫の中のカルピスは少しうす目の〝ホットカルピス〟にして、プラスチ

ックのライオンコップに注いで並べました。少しシケたおせんべいは小さく砕いておつまみに。壁にはカクテル『みみずのためいき』、しろワイン、しぼりたて『マエダさんの初乳』など……。

マリコ先生と二人でハラさんからお借りした金髪のかつらをかぶり、ビニールテープの赤で爪を染め、ロングスカートの横座り。わたしは前日、廃材にうっかり手をひっかけ、肉が少しちぎれていたので、左手を三角巾で吊って、右手でタバコ（ニセモノ）をプカプカやりながら子どもたちを前にして、

「いっぱい、どーお?」

「悩みがあったら言ってごらん! オネショとかー」

「みんな若いねー いくつ?」

「三さいでちゅ」

「四さいです」

「五さいです」

「六さい!」

はじめ、子どもたちは目を白黒させ、「ヨシコ先生どうしちゃったの?」という表

情でしたが、だんだんと目を輝かせてきました。

「おせんべください！」

「しろワインがいい」

「おかわり！」

と、にぎやかになります。

母たちがアコーディオンをひいて歌を歌い、流し（?）もしてくれたし、大人たちは子どもたちに歳末大サービス……。「おもしろかったー」

この日の翌日でした。母が脳出血で倒れたのは……。

このトイレに入ると、あのときのことが思い出されます。バーのあと、職員みんなでここでお弁当を食べたことも……。

追記：以前にも書きましたが、子どもの場所はホッと落ち着けるスペースがどこかにある作りがいいと思います。バーにも、居酒屋にも、コーヒーショップにもなるようなスペース。柱も何もない正方形のスペースは、身を置く場所が見つけにくく、どうも落ち着かないのです。

モヤシの根切りと産業革命

セミのヌケガラ集め大会顛末記（二一七頁）を園だよりにまとめたとき、「どうして人は単純なことに夢中になれるのかなー」と問いかけましたところ、「私、こう思うのですが」などと、多くの方が話しかけてくださったので、「それでは」と集まっていただきました。次々と意見が出ました。

母としてヌケガラ数えに参加してくださった方々の意見として、集める、数える、並べる、仕分けする……など、単調なことを延々とやっていることは楽しいことであり、何となく心が落ち着くということでした。女の人はこういうこと好きなのかもしれませんね、とも。

そういえば、カラカラに乾いた菜の花のさやから種をとり、クルミを磨き、キバナコスモスの種を集めているのは女の子に目立つし、『子どもは風をえがく』の映画のラストに三人の女の子がゴザを敷いて土をふるっているシーンがありますが、あの子たちはあの頃毎日のように、あの場所で、田んぼに入れる土をふるっていたのです。

一方、男の子の母からは「そんな単純な作業はいやだよ」とばかりに、合理的な数え方をしたい、むしろ数え方にこだわった子がいた、との意見が出ました。

年長児の母タカタさんによると、Hくんは

「一〇〇にするには一〇をいくつと、二〇をいくつと、五〇をいくつとで一〇〇になる……」

などと考えていたとのことでした。

はっきりと調べたわけではないのですが、また、ものによっても違うと思うのですが、男の子と女の子ではどうも違いがあるようです。そしてマツイさんが「たくさんあるモヤシの根を手でちぎることは飽きないし、楽しいです。安定した気持ちになるみたい」。

この話に、モヤシの根を切る装置があるという話を思い出しました。一本一本のモヤシの根を切ることが心地よいと感じる人もいますが、大量になると大変ですから。

干し柿作りのための柿の皮むき装置、かんぴょうの皮むき装置……みんな同じですね。どの装置も男が考えたのでしょう。そういえば炊飯器もそうでしたね。

単純な作業に延々と手を動かすことができるのはどうも男より女の方であり、男は少しでも「効率よく」と考えているようです。でも、男のものといえるその発想で、人間の暮らしは便利に楽になった面もあります。産業革命以降、人間は効率、効率……で生きてきたのかもしれません。やがて「大量生産」「大量消費」へ。そして今では、子どものこと、教育までが「効率よく！」。

どちらの考え方がいいか悪いかということではありませんが、どうも世の中、男の考え方の傾向、つまり効率がいいことが良しとされているような気がします。

沖縄の市場や地方の朝市など支えているのは、たくましいオバアたちの〝手〟じゃないだろうか。売りものの野菜やおまんじゅう、お餅など、ていねいに手を使って仕立てたり紙に包んでいる。わたしが子どもだった頃、東京でもこのあたりにはまだまだたくましいオバアちゃんたちがいました。彼女らは決して手を遊ばせてはいなかった。

息子が小学校のときの自由研究、たしか5年生のとき（？）は「豆腐切り器」、6

年生（?）のときは「リンゴの皮むき器」を作っていた。リンゴの皮むき器についてては、当時出入りしていたカメラの加藤さんが、「この仕組みイギリスの古いリンゴの皮むき器と同じですよ」と言ってくださった。姉や祖母に「リンゴ、包丁使えば簡単なのに」とか「こんなもの作る時間にいくつリンゴの皮がむけるか」と言われながらも、毎日コツコツと設計図を書き、たしか模型など作っていたように思う。

そして、私たちもそう言いながらも「どこまでいってるか?」「はたしてリンゴの皮はむけるだろうか?」など、そっと見守っていたように思います。リンゴが大好きな自分のために、いつもリンゴの皮をむいてくれていた祖母への感謝の気持ちから考えたのでしょう。

あなたはどちら?

リンゴの皮、手を使ってむきたい?

皮むき器を使う?

それとも皮も食べちゃう?

そういえば、長谷川町子さんの漫画『サザエさん』は、日常の平凡な暮らしのできごと、便利などとは無縁の様子が描かれています。一方、藤子・F・不二雄の『ドラえもん』は、少しでも便利に、奇想天外が生きがいのようです。発想の方向などの違いは二人の個性かもしれませんが、手作業でリンゴの皮をむきたい価値観と、皮むき器を使って効率よくという価値観との相違と置きかえられるかなー、なんて思っています。ちょっと無茶かな。

人間には両方のバランスが必要なんでしょうね。そして、「効率よく」の対極にあるのが子どもを育てることなのかな?と思っています。

それ貸して！

雨が降った翌朝、わたしは木の枝を手に水たまりから水が流れ出して園庭の水の流れがスムーズにいくように、溝を掘っていました。子どもたちも何人か真似して、水たまりから低いところへと水の流れをつくっていました。水たまりより高いほうへ溝をつくっている子もいました。それはちょっと無理なのに……。

わたしが使っていた枝は先がとがっているので、うまく溝がつくれることを見ていたのか、年中組のＣくんが、

「それ貸して！」

と言ってきました。見るとＣくんが手にしていた枝は先が枝分かれしている棒で、これではやりにくいはずです。わたしに「いい枝、自分で探しなさい」と言われると、

ちょうどよい枝が見つかりそうな方へと走っていきました。

それぞれの目的に合った枝や棒というのがあります。自分の使い道がはっきりしているほど、子どもたちはそれに合った形や長さ太さを選びます。また、偶然手にした棒が遊びを誘発することもあります。子どもは遊びの〝名人〟です。最近では、レンガの間の土を掘るのに便利な棒、ボンドを塗るのに便利な棒、クルミを殻からほじり出すのに便利な棒、たき火の火をつつくのに便利な棒や枝……。いろいろあります。そして、腰に差すのにちょうどいい棒も。

枝などの自然なカーブの線は〝美しいな〟と思います。マリ先生が草むらを守るための枝をほんの少し置きかえていました。このほうが〝何だかいいな〟と思ったんですね、きっと！

草むらを囲む枝一本の置き方で、その場の景色がよくなることがあります。園の子どもたちが描いた絵の中にときどき美しいバランスを感じますが、このような配慮も影響しているのかもしれません。

何かをするのに便利な棒や枝……。そう言えばあるとき、たき火小屋の屋根の上に少し先が焦げた枝が並べられたことがありました。たき火の火を調節（そうではなく、かき回していただけの子も多かったのですが）するための、それぞれの子の枝。子どもたちはお集まりの時間になると、先を水でぬらして、ちゃんとそこに置いて部屋に入っていきました。どれが誰の枝かわかるまでになっていたように思います。あの子たちはもう二〇歳を過ぎているはずです。

棒や枝にこだわるのはやはり年少の時代にそれらをたくさん手にしているからでしょう。やがてお気に入りの枝をうまく加工して、もっと使いやすいひとつの道具にしようとする気持ちや〝技術〟が育ってくれたら〝うれしいな〟と思います。

考えてみると、枝や棒を手にすることから始まって、道具を作ること、それを修理したり加工したりすることとリフォームすることはつながりがあるように思います。両方ともより使いやすくすることですから……。少しオーバーですが。

子どもの成長のプロセスは、道具を上手に使うプロセスとして見ていくことも、ひとつの見方かもしれません。わかりやすいです。ものに手を出すことができ、ものをいじくりまわすことができる手に育っていればですが……。

デジタル的な生活では実体を手にすることができないので、壊れたらおしまいです。ゴミとして処分するしかありません。困ったものです。いまもパソコンで研究会の通

信づくりの作業をしているサエ先生とマリ先生が、
「ここが開けないのよねー。デジタルは便利なときは便利だけど、できなくなった時はもー！　あすヒガシデさんにみてもらおう！」
と叫んでいます。

わたしもカメラは二〇一〇年後半よりデジタルカメラのお世話になっています。三六枚撮りのフィルムを使わなくてもSDカード一枚ですむこと、使わないものはあとで消すことができるし……。便利です。

フィルムの時は一枚いくらぐらいかかるのか一瞬考えて、〝ここぞ〟の一瞬に息をとめてシャッターを切るので、その一枚の写真に真剣さも写っていたようにも思えるのです。このことはフィルム映画『阿賀に生きる』を撮影した小林茂監督も、『風のなかで』や『子どもは風をえがく』の秋葉清功カメラマンも同じことを言っていました。そんなことを思いながらデジタルカメラを使っています。しかし、デジタルで撮った写真の色彩、赤と緑の違和感はまだ気になって仕方ありません。そして、壊れたら修理できないことも……。自分の目的に合った枝や棒を探す子どもたちを見ていてこんなことを考えました。

「もっともっとアナログの世界においてあげたい」

アナログの世界におかなければならないのだと思います。こんなことを言う人もいなくなってしまったとき、子どもたちの目から輝きが失われてくるようで、気がかりです。


そんなおり、当園を見学にいらした静岡の大学の幼児教育専門の先生の、

「土の上に草が生えていて、あちこちに花が咲いているんですね」

という第一声が、今だに心地よく耳に残っています。土はアナログ的なものの原点です。土がなければ草も虫も育たないのです。まして人間も……。

そろそろカエルがくるよ

「あ！　カエルたまご産んだ！」

きれいにした田んぼの真ん中とガマ（蒲）のプランターの中に、山のようなたくさんの卵を見つけました。冬にしては暖かいと思っていましたが、今日はまだ二月の一四日。産んだのは一二日のことだと思います。

その日の夜、イヌの〝シロ〟と幼稚園の庭に行ったところ、暗くてわからなかったのですが、田んぼのあたりから〝クークー〟というカエルの声がしました。今年はじめて聞くカエルの声でした。あのときカエルは卵を産んでいたのでしょう。

一二日の午前中、子どもたちに春を迎える前の田んぼやガマが生えている水場の手入れについて話しました。

「もう小さな赤ちゃんの芽が出ているころだから、枯れた草があると赤ちゃんの芽が伸びるときぶつかって〝痛いよー痛いよー〟っていって大きくなれないので、枯れたの切ろうね」

「それに、もうすぐカエルのお母さんが卵を産みにくるかもしれない。ゴミや枯れ葉や枯れ草があったら、〝わたしの大切な赤ちゃんこんなところに産めないわ〟っていうかもしれないから」

子どもたちは手際よく古くなった藻《も》や枯れたものなど、小さな手でかき集め、ガマの茎などはハサミで切ってきれいにしてくれました。仕事しながら、

「あっ　ここに芽がある！　ここにも」……。

ほんのわずかに緑色をした芽をいとおし気に指先でそっと触わっていました。ガマの芽は二葉ではなく、地面から角*が生えたようなかたちで出ます。

それにしても、カエルはいいタイミングで卵を産んでくれました。

でも少し心配です。まだ寒い日があるでしょうに。マリ先生いわく、

「ヨシコ先生、水場の手入れするのがいつもよりずいぶん早いなと思いました。いつもだと三月に入ってからですよね。カエル絶妙なタイミングで卵を産みましたね。

自然の中にいると、もうすぐカエルが卵産みにくるってわかるんですかねえ」

たしかに自然のなか、ここにいると、「この木、のどが渇いているみたい」「枝が重そうだなー」とか、〝感覚〟のようなものが働くことってあるかもしれません。しかし今回のようなことがあると、なにか見えない大きな存在に助けられていることを感じます。

「そろそろカエルがくるよ」……。

そう誰かが耳元でささやいてくれたんですね、きっと。

＊唱歌『早春賦』の歌詞に「……葦（あし）は角（つの）ぐむ〜」という一節があります。この情景のことです。ガマは葦と同じイネ科の植物で、角のように地面から出てくるのです。

あとがき

「ハスですね、ハスは泥の中で根を張り、水面に花を咲かせるんです」

松本健一先生（思想家・麗澤大学教授）が当園に一歩足を踏み入れられたときのことばです。その日、松本先生は私どもの講演の依頼に応え、当園の土曜学校の講師を引き受けてくださったのでした。テーマは「泥の文明」。二〇一四年一月一八日のよく晴れた寒い日でした。

「わたしの話は大人でも小学生でもわかると言われている。それは褒められているのか、けなされているのか……」

そう言って、笑いを誘いながら話し始められました。日本人は、はじめ泥沼であった国土を、泥と格闘しながら改良し、稲を作ってきた民族である。だから日本の武道や踊りの所作は田植えや稲刈りの動作と関係が深い。たとえば相撲の土俵入り、盆踊りなど、左手と左足、右手と右足が同時に出るのは、田植えや稲刈りから出た動作であると話されました。これには参加していた母親や小学生も大きくうなずき、納得したことでありました。

昨今、泥や土は汚いもの、やっかいものとして日常から遠ざけられている風潮があります。しかし、子どもたちは泥と遊ぶのが好きです。泥になれていない子は、はじめ指先でそっと触れ、やがてその感触になれてくると、水を入れて自分の思う通りの柔らかさにしてこねまわし、心ゆくまで遊んでいる姿をよく見かけます。また、山を作ったり川筋を作ったりしながら思い通りの場所（地形といってもよいでしょうか）を作っていきます。

そして子どもたちは、土をふるいサラサラフカフカのいい土にすること、そのふるった土に削った炭や灰や朽ちて柔らかくなった木をほぐして入れ、かき混ぜることを飽きもせずに続けています。

園庭には小さな田んぼがありますが、田植え前、土の中から小石や枯れ葉、小さなゴミなど見つけて取り出すことなど、その手入れの時も、子どもたちにとって、それは仕事でありながらも、手足を泥まみれにして（時には顔にまで泥をつけて）の泥遊びとなります。

子どもたちはどうしてこんなに〝泥と遊ぶ〟のが好きなのでしょうか?

泥や土に触れることは、日本人の遺伝子にもつながりがあるので、子どもたちも気持ちが落ち着くのではないかと思います。

泥や土と遊ぶのはモノに手を出せる子にするための原点です。それは触感覚が育つからであり、可塑性そして応答性のある素材と遊ぶ必要があるからです。そして、日本人はずっと田んぼを作って稲を育て、お米を食べるとともに、稲ワラもいろいろなものに使ってきた知恵を子どもたちに知らせたいのです。

そんなことを考えて、いろいろなかたちで土や泥と触れる機会を多くし、田んぼで稲を育ててきましたが、松本先生の〝泥の思想〟に出会って、これは間違いではなかったと思いました。ご著書『泥の文明』(新潮社、二〇〇六)の中からその一節を引いてみましょう。


地震から一年たって山古志村の現状を見た老女は、「こげん無残だとは、思わんかった」といいつつ、次のようにつぶやいたらしい(『毎日新聞』二〇〇五年十月二十三日付)。

「早く帰って百姓したいが。べと（土）に触ってねばの、生きてても命半分だ」

この独白には、日本という山がちの島国を切り拓いて「米づくり」、いや「田づくり」をしてきた民族のためいきのような思いがある。それは、日本民族の生きかたそのものだった。「米づくり」を離れてしまっていても、日本人の生きかたの根底にはこの、「べとに触ってねばの、生きてても命半分だ」というためいきが隠されているのではないか。

それに、「べと」という言葉には、たんなる土ではなく、田のなかの土、つまりべとつく泥のやわらかさ、温かさ、そうしてコメのみならず一切の生命を育んでくれる泥への愛《いと》しい思いがひそんでいる。こういった泥の感覚を、現代の日本人は「米づくり」から離れることによって、忘れつつある。（中略）

では、日本人は山古志村の老女が「べと」に対していだいていた愛しさから、まったく切れてしまったのであろうか。そうはおもえない。それどころか、わたしには、こんにちの日本社会の根底になお、「田づくり」を中心としてきた「泥の文明」が大きく根をはっているようにおもえるのだ。

それはたとえば、富山県だったか石川県だったかの日本海が見下ろせる山ぎわに、段々畑のように築かれた整然たる棚田をみた電機技術者が、その整然たる棚田の風景を、「まるで半導体のようだな」と評し、この棚田の泥は水もちがよくて水はけもよい、という矛盾した性格をもった水田の説明をきいて、「ますます半導体だな」と感心したことにも関わっているのだろう。田んぼの泥のなかには、小石ひとつ残っておらず、イネが根をのばせる。それはまさしく精緻な「半導体」づくりにもつながっている「泥の文明」だ、というのが、わたしの考えなのである。

まさしく日本人の遺伝子の中に〝泥の思想〟があったのです。だから、子どもたちはこんなに泥と戯れるのかもしれません。そしてそれは日本人としてのアイデンティティの原点であるとも言えます。

松本先生の講演は、はじめ前年の一二月に予定されていましたが、先生が「アラビア半島に出かけることになった」ということでこの日になりました。そのこともあってか、講演後の歓談の時に砂漠の話をしてくださいました。松本先生がはじめて海外へ出かけたのは「サハラ砂漠」だったこと、ピーター・オトゥール演ずる映画『アラビアのロレンス』に出てくるアカバとそこから見たアカバ湾のこと、さらには石川啄木の「命なき砂のかなしさよ……」を引きながら、日本の湿気を含んだ砂、アフリカやアラビアの粉状の乾いた砂のことにもふれられました。先生が、自分の足で歩いて、自分の目で見て、自分の手でふれて知ることを大切にしていることが伝わってきました。

わたしも高校生のときに見た『アラビアのロレンス』には強烈な印象が残っていて、後日、手元にあった当時のパンフレットをコピーして御礼状に添えてお送りしたところ、折り返しいただいたお手紙に、「あの砂漠の岩山のまえを行くキャラバンの撮影場所が、この間のアカバから奥に入ったワジの岩山でした」とありました。

松本先生は次の講演（四月一九日）も快く引き受けてくださいました。テーマは先生のほうからの提案で「日本の橋」。先生はこの時も身近なところから話を切り出されました。

橋は何かと何かをつなぐもので、天国と地上をつなぐものであり、柱も梁も梯子も箸も何かと何かをつなぐものであり、ご飯を盛ったお茶碗に箸を立てることも橋と同じであること。土俵に女性があがることが忌むべきこととされる理由、さらには皇族に苗字がないのはなぜかなど、「ものごとの根本に目を向けよ」というメッセージがここにはありました。

このとき先生は、日本の最も美しい橋として愛媛県内子町にある弓削神社の屋根付き橋を挙げられ、この橋に心底ほれ込んでいることが伝わってきました。この年の一一月二七日急逝された先生は、きっとこの橋を渡って天国へ行かれたのではないかと思い、見送りたくわたしは内子町へ出かけました。水面にゆるやかなカーブを描いて影を落とした橋は、ひっそりとそこにありました。

「ここを渡っていかれたのだなー」

と、わたしはしばしたたずんでいました。先生が亡くなられた三日後、一一月三〇日のことです。

わたしと松本先生との出会いは二〇一二年八月十一日付の朝日新聞朝刊の記事にはじまります。

「コンクリートと政治…… 巨大な人工の壁も自然は制御できぬ 近代思想の限界」

との見出しで、大震災の復興について先生のお考えが語られていました。編集委員の刀祢館正明氏の構成もすばらしく、歴史と思想と科学を踏まえてこれからの日本の方向を語る先生のお考えは見事なものでした。しかも、写真の先生は田老の防潮堤をバックにして立っておられました。そこはわたしが若い保育者や母親、子どもたちと二〇一一年から二〇一五年まで年数回、ボランティアに通っていた所だったのです。

わたしはすぐに松本先生にお手紙を書き、ご面談をお願いしたところ、はからずも先生から直接電話をいただき、九月のはじめにお会いすることができました。

この松本先生との出会いはわたしにとって大きな出来事でありました。自分が長いことやってきた仕事を松本先生の視点をお借りして、改めて「自分は何をしてきたのか」を見つめることができたからです。

そして二〇一三年九月、『松本健一思想伝』の出版記念会に際して、松本先生からのご指名があり、発起人の一人となりました。また当日スピーチのご指名までいただき、わたしは幼児のことにもっと目を向けていただきたい旨、訴えました。

このとき、会の主催者であり『松本健一思想伝』を出版された「人間と歴史社」代表の佐々木久夫氏と出会ったのです。その後、拙書を携えて社にお訪ねしたおり、その日にできあがったばかりの「中瀬だより」を〝ついでに〟という気持ちでお見せしたところ、本よりも園だよりのほうに関心を寄せてくださり、長年書きためた園だよりを著作集にしてみてはどうかというお話をいただきました。

それを機に改めて読み返してみると、自分で書いたことをすっかり忘れてしまっていた号もあり、他人の文章を読んでいるようなものもだいぶありました。それだけ長いあいだ書いてきてしまったということでしょう。

ですからこの拙い「園だより」が本にまとめられたことは、佐々木久夫氏の勇気ある決断と熱意の賜物であり、松本健一先生と共に佐々木氏には深く感謝申し上げます。そして、人との出会いの不思議さを思います。

最後に本シリーズの出版にあたり、「人間と歴史社」の井口明子、鯨井教子、また資料整理を手伝ってくれた大竹史代、宮本美紀、東出淳子の各氏、保護者の皆さま、そして一緒に保育をした保育者たち、今まで出会ってきた子どもたちに感謝します。

井口佳子

平成二八年三月　早春の園庭で

本書は『中瀬だより』二七一号（二〇一〇年三月八日）～三四六号（二〇一六年二月一六日）を底本とし、改変・加筆した。また、本文中の肩書き等は当時のままとした。

■ 著者略歴

井口 佳子（いぐち・よしこ）

中瀬幼稚園園長。東京生まれ。1968年、実践女子大学卒業。1978年、中瀬幼稚園園長就任。国立音楽大学非常勤講師、実践女子大学非常勤講師を経て、現在大妻女子大学非常勤講師を勤める。
主な著書：『幼児期を考える──ある園の生活より』（相川書房、2004年)、『幼児の描画表現──子どもの絵は子どものことば』（相川書房、2014年)、『0歳からの表現・造形』（共著、文化書房博文社、1991年)、『保育内容・表現』（共著、光生館、2009年)、その他執筆多数。

■ 中瀬幼稚園の映画

『風のなかで──むしのいのち くさのいのち もののいのち』（グループ現代、2009年）
『屋敷林の手入れと子どもたち』（グループ現代、2012年）
『子どもは風をえがく』（オフィスハル、2015年）

■ 中瀬幼稚園

〒167-0022 東京都杉並区下井草4-20-3

保育随想 4

幼稚園《ようちえん》はおとなの遊《あそ》び場《ば》

2016年4月21日 初版第1刷発行

著　者　井口 佳子
発行者　佐々木久夫
発行所　株式会社 人間と歴史社
　　　　東京都千代田区神田小川町 2-6 〒 101-0052
　　　　電話 03-5282-7181（代）/ FAX 03-5282-7180
　　　　http://www.ningen-rekishi.co.jp
装　丁　人間と歴史社制作室
印刷所　株式会社 シナノ

ISBN 978-4-89007-202-6 C0037